Gerlinde Unverzagt / Klaus Hurrelmann

Konsum-Kinder

Gerlinde Unverzagt / Klaus Hurrelmann

Konsum-Kinder

Was fehlt, wenn es an gar nichts fehlt

HERDER

FREIBURG · BASEL · WIEN

Für Friederike,
meine Schwester und Gefährtin,
die mir so viel gegeben
und so vieles abgenommen hat

Gedruckt auf umweltfreundlichem,
chlorfrei gebleichtem Papier

2. Auflage

Originalausgabe

Alle Rechte vorbehalten – Printed in Germany
© Verlag Herder Freiburg im Breisgau 2001
www.herder.de
Satz: DTP-Studio Helmut Quilitz, Denzlingen
Druck und Bindung: fgb · freiburger graphische betriebe 2002
www.fgb.de
ISBN 3-451-27581-3

Inhalt

1. Kapitel
Was ist eigentlich cool?

Oder: Der Klassenrat

Moritz, Jana, Lisa, Niklas und Lars gehen mit dreiundzwanzig anderen Kindern in die fünfte Klasse einer Berliner Grundschule. Sie haben Freunde, Hobbys und eigentlich keine Geldsorgen. Und sie haben Wünsche: Klamotten, Kickboards, Handys. Dass sie eigentlich eine coole Klasse sind, finden sie fast alle. Aber Lisa und ein paar andere meinen, dass sie noch cooler sein könnten – deshalb haben sie Moritz, Cordhosenträger, Eislaufchampion und Mathe-König, vorgeschlagen, dass er sich doch mal ein bisschen cooler anziehen soll. Moritz war stinksauer und hat umgehend Krach geschlagen. Die Sache, findet er, gehört besprochen – und zwar auf dem Klassenrat! Sebastian war sofort begeistert. Er hat nämlich ebenfalls den Bauch voll Wut: Vorgestern hat ihm Nadine gesagt, sein Scout-Ranzen, den er seit der ersten Klasse trägt, finde sie „richtig Scheiße." Mit so 'nem Ding würde sie sich schämen, in die Schule zu gehen. Sprach's, schulterte stolz ihren funkelnagelneuen Rucksack und ließ ihren Banknachbarn Sebastian stehen. Dass sie in ihrem coolen Teil eine Fünf im Diktat nach Hause trug, Sebastian hingegen in seinem ollen Schulranzen für dieselbe Arbeit eine Zwei verwahrte, macht die Sache in den Augen des Zehnjährigen um nichts besser. Am nächsten Morgen, als sie wieder stichelt, hat er ihr kurzerhand vors Knie getreten. Im anschließenden Tumult war schnell klar: Das geht auf den Klassenrat!

Die Angelegenheit duldet keinen Aufschub. Gleich am nächsten Morgen werden die Stühle zum großen Kreis gerückt. Das

Verfahren ist vertraut, schon seit dem ersten Schuljahr ist für diese Fünftklässler der Klassenrat der Platz, wohin der Ärger gehört. Freitags wird über alles geredet, was die Gemüter während der Woche erhitzt.

Moritz legt gleich los: „Also, zu mir haben sie gesagt, zieh dich doch mal ein bisschen cooler an, ey. Aber das ist mir doch egal, wie die meine Hosen finden." Jana hakt ein: „Ich bin da auch betroffen. Neulich habe ich mir eine neue Cargo-Hose gekauft, weil ich die gut fand und bequem und so. Und dann haben Lisa und die anderen gesagt, ich hab sie nur gekauft, weil sie das gesagt haben. Aber das stimmt gar nicht, die Hose hat mir wirklich gefallen." Und es war alles andere als einfach, ihre Mutter zum Hosenkauf zu bewegen, den wiederum Jana dringend notwendig fand – wegen der blöden Anmache auf dem Schulhof neulich, weil diese Laura aus der sechsten Klasse hinter ihr hergebrüllt hat: „Guckt mal, da kommt die C&A-Tussi!" Und die anderen prompt noch eins drauf gesetzt haben: „Caritas – für jeden was." Aber davon wird sie jetzt nichts erzählen. Sie ist heilfroh, dass niemand aus ihrer Klasse die peinliche Situation mitgekriegt hat.

Lars tippt sich an die Stirn: „Mode ist doch nicht so wichtig", wirft er ein, „und außerdem ist es doch das uncoolste überhaupt, wenn man immer nur cool sein will." Julia ist jetzt dran. Mit leiser Stimme sagt sie: „Manche haben vielleicht auch nicht so viel Geld oder fühlen sich auch wohl in ihren Klamotten, obwohl das keine Marken sind." Moritz muss Dampf ablassen und schreit Lisa an: „Guck doch mal, wie du rumrennst, mit Tops im Winter und obendrüber einen Schal. Das ist doch bekloppt." Lisa zupft kokett an dem blütenweißen T-Shirt, das sie unter dem froschgrünen Top trägt: „Ey, ich habe ein Unterhemd an, guck doch mal hin." Sie schlägt die Beine, die in (Marken)jeans stecken, übereinander und rückt das geblümte Röckchen, das sie darüber trägt, gerade. Die Lehrerin fragt Moritz: „Bist du fertig?" Darauf Moritz: „Nein, bin ich nicht. Ich bin sauer."

Jana meldet sich noch einmal zu Wort. Irgendwie findet sie ihr Problem nicht ausreichend gewürdigt: „Mode ist doch das, was viele tragen", und zu Trendsetterin Lisa, die so gerne eine coole Klasse hätte, „da kann man doch nicht einfach sagen, du hast mir das nachgekauft." Lisa zuckt mit den Schultern. Niklas ist der nächste auf der Rednerliste. „Also, ich skate ja auch und da hat man so ne Hosen an, die so auf den Hüften liegen. Damit sagt man nur, dass man zu den Skatern gehört. Ich war hier in der Klasse der erste, der solche Hosen hatte und ich war ja auch neu hier. Nach mir hatte dann Max eine." Moritz schimpft immer noch im Hintergrund: „Von mir aus können die doch 30 Hosen übereinander anziehen, ist mir doch egal, aber sie sollen nicht dauernd sagen, ey, Mann, ey", schnaubt er vor sich hin. Lisa hat das Wort. Sie holt tief Luft, spielt mit einer blonden Strähne und sagt langsam: „Ich wollte sagen, dass es nicht stimmt, Max hatte zuerst eine." Darauf Max, mit wegwerfender Gebärde: „Ich hab mir die coole Hose nur gekauft, weil sie mir gefällt. Muss ja gar nicht jeder sowas tragen." Niklas unterbricht ihn: „Ich hatte ja auch nur zwei Hosen. Nur einmal hat mir meine Mutter eine gekauft, weil ich sie so angefleht habe. Dann waren wir in der Türkei, da kosten die Sachen weniger, weil sie nicht echt sind. Zwei Hosen und zwei Pullis kosten da soviel wie hier eine. Und da habe ich eingekauft, wäre doch blöd. 25 Mark für einen Pulli!" Jetzt fliegen Zahlen durch den Raum: 140 für ne Hose hier, und 30 in der Türkei. Nee, hier gibt's auch Hosen für 30. Sind die dann auch echt? Vergiss es. Mensch, 30 für die Hose, ist doch cool. Julia, die aufmerksam zugehört hat, wundert sich jetzt laut: „Was ist denn überhaupt eine echte Hose?" Niklas verdreht die Augen.

Es ist wieder Lars, der die Wogen glätten will. „Nun ja," hebt er bedächtig an, „ich frag jetzt mal Max und Niklas, was heißt eigentlich gefälschte Hose?" Niklas, ein Jahr älter als der Rest dank der Ehrenrunde, ringt sich eine Antwort ab. In der Klasse gilt er als Fachmann für Stil- und Geschmacksfragen. Er kennt sich aus: weite Schlabberhosen für Scater, die tief auf den Hüf-

11

ten hängen, so dass das Etikett auf der Unterhose gut zu erkennen ist, am besten Boxer-Shorts, am besten von Calvin-Klein – „das ist eben cool", erklärt er seinen Klassenkameraden. Souverän erläutert er jetzt den Unterschied zwischen echten und gefälschten Hosen: „Das ist so, dass ärmere Leute in der Türkei die Hosen so nähen, dass sie aussehen wie die echten." Ercan runzelt die Stirn und wirft herausfordernd ein: „Ist doch egal oder, wenn sie wie echt aussehen?" Aber Niklas will jetzt seinen Einkaufstrip noch einmal ins rechte Licht rücken. „Bei mir ist das so. Ich hatte früher nicht so dolle Freunde und habe nicht richtig dazugehört. Und da musste ich dann dazugehören. Aber nur bei den Skatern, das mache ich schon, seit ich acht bin. Aber ich mag alle, auch wenn sie gefälschte Hosen tragen. Ist doch egal, ob cool oder nicht, Hauptsache nett." Ercan trumpft auf: „In der Türkei kosten so Hosen übrigens immer nur 30 Mark." Dass wir aber jetzt keinen Einkaufszettel schreiben, mahnt die Lehrerin, als aufs Neue Zahlen und Summen und Preisvergleiche durch den Raum schwirren. „Es gibt noch einen Konflikt, über den wir heute reden wollten – die Sache mit dem Schulranzen." Lars ereifert sich jetzt doch: „Ich wollte noch mal sagen, dass ich mir zig eastpaks kaufen könnte, wenn ich wollte. Aber ich will nicht. Ich finde meine Hosen nämlich gut. Und den Pullover auch." Jascha, der ihm gegenüber sitzt, starrt mit unverhohlenem Abscheu auf Lars' Füße, die in Turnschuhen stecken, an denen die drei weißen Streifen fehlen: „Und die Schuhe etwa auch?"

Dabei würde sich Jascha niemals als Markenfreak bezeichnen. Adidas? Sind doch klasse Schuhe, oder? Er geht einmal im Jahr mit seiner Mutter los, um Neues zum Anziehen zu kaufen. Mit seinen neuen Sachen fühlt er sich gut und zeigt sie gerne. „Eher sportlich und nicht so auffällig", bezeichnet er sein Lieblings-Outfit. Probleme hat er deswegen noch nie gehabt. Er meint, das liege daran, dass er sich da auch „mit keinem groß anlegt".

Die Lehrerin fragt Lisa, ob sie sich noch einmal zu der Kritik äußern will. Und ob sie will: „Also bei mir ist das so, dass ich

Leute habe, wo ich mir das ein bisschen abgucke. So Vorbilder, wo ich mir dann was Ähnliches kaufe, wenn es mir gefällt. Und wenn Moritz das cool findet, in solchen Hosen, dann ist das doch gut." Moritz keift: „Nicht cool, gut finde ich das!!" Unvermittelt wirft Niklas ein: „Ich will mir meine Freunde ja nicht kaufen oder dass sie große Augen machen sollen. Aber ich will bei manchen dazugehören." Auf dieses Stichwort scheint die Lehrerin nur gewartet zu haben: „Reden wir doch mal über uns, die Klasse: Was brauchst du, Niklas, um hier dazuzugehören?" – Im Auge des Hurrikans ist es ruhig. Niklas, der unangefochtene Experte fürs angesagte Outfit probt das understatement. „Nichts", sagt er. „Hier gehe ich rein und will, dass ihr mich als Mensch seht. Aber draußen, da sieht man das doch nicht gleich." Er fingert kokett an seiner Halskette aus bunten Holzperlen, dreht an seinem Ohrring, fährt sich durchs blondierte Strähnchenhaar und schlägt die Augen nieder: Max hat das letzte Wort: „Lisa hat das nicht böse gemeint", schiebt er versöhnlich nach, „sie wollte meinen, dass es cool ist, wenn wir viel machen und zusammenhalten und so."

Dabeisein ist alles

Natürlich beurteilt man seine Freunde nicht nach dem Outfit! Aber Lisa kann sich nur schwer vorstellen, dass sie mit Mädchen befreundet wäre, die „so komische Sweat-Shirts" oder sogar „Karottenhosen" tragen. Klar guckt sie den Leuten zuerst auf die Klamotten. „Erstmal beurteilt man die Leute nach dem Aussehen, das macht doch jeder so."

Das Handy, das immerhin schon die Hälfte aller Kinder dieser Klasse in der Tasche tragen, ist selbstverständlich ein reiner Gebrauchsgegenstand. Genauso wie der eigene Computer, den die meisten der Kinder in dieser Klasse zu Hause im Zimmer stehen haben. „Ja, damit mache ich Spiele", räumt Max freimütig ein und schiebt dann eilig nach, „ich habe auch Spiele für Rechtschreibung und Mathe. Aber ich brauch den auch für die Schule, wenn wir als Hausaufgabe kriegen, im Internet zum Thema „Wölfe" etwas zu suchen." Alle betonen, dass sie ihr Handy nur nutzen, weil es so praktisch ist, um sich zu verabreden, aber bestimmt nicht, weil es cool ist. Klar macht es Spaß, mit dem Handy zu telefonieren. Aber vor allem braucht man es. Jascha hat seines nur für Spiele, sagt er. Und Niklas braucht es vor allem, um sich mit seiner Mutter zu verständigen. Die arbeitet nämlich vom Nachmittag an bis spät nachts in einer Kneipe und da ist er häufig allein. „Die haben das Handy nur zum Angeben", stellt Sebastian sachlich fest. Er selbst hätte auch gerne eines. Aber seine Eltern sind stur. Dass sie Handys für Zehnjährige überflüssig finden, haben sie ihm klargemacht, als er diesen Wunsch auf dem Weihnachtswunschzettel ganz oben hingeschrieben und dann extra rot eingekringelt hat. Ein paar Tage später, erzählt sein Onkel beiläufig von seinem kaputten Handy, das er gegen ein neues eintauschen wird. „Kann ich das kaputte nicht haben, och, bitte, bitte", bestürmt Sebastian seinen Onkel, „dann könnte ich doch in der Schule wenigstens so tun, als ob..."

Konsumterror? Markenzwang? Habenwollen um jeden Preis? „Es hält sich noch in Grenzen", findet die Lehrerin, „aber es wird stärker", und „außerdem waren wir doch früher auch nicht anders: die erste Wrangler-Jeans, das war doch auch bei uns ein echtes Ereignis!"

Niklas, Lisa, Max und Jana sind keineswegs die minderjährigen Marken-Monster, von denen man in der Zeitung so oft liest, die ihre Eltern mit uferlosen materiellen Ansprüchen traktieren und dabei in den wirtschaftlichen Ruin treiben. Auch ihre Mütter und Väter passen nicht so recht ins Klischee der berüchtigten Wohlstandseltern, die ihrem Nachwuchs anstelle von Zeit, Zärtlichkeit und Zuwendung die superteuren K2-Rollerblades schenken oder auf Zuruf den Lamy-Füller überreichen und sich selbst klaglos mit dem Werbekuli der einheimischen Sparkasse bescheiden. Die Konsum-Kindheit von heute ist schnell mit breitem Pinsel gemalt. Das Bild vom Kind im goldenen Käfig, das in materiellem Wohlstand seelisch verarmt, ist immer wieder schnell heraufbeschworen. Und so ganz falsch ist es ja auch nicht.

Die Kinder dieser Klasse fühlen sich gut versorgt, haben durchaus Spaß am Kaufen und legen Wert auf die richtigen Klamotten. Bestimmte Ansprüche finden sie selbstverständlich, Wünsche haben sie alle und können im Großen und Ganzen sicher sein, dass sie bei ihren Eltern nicht auf taube Ohren stoßen, sondern höchstens auf die Grenzen, die der Geldbeutel zieht: Wer es sich leisten kann, kauft dem Kind die begehrte Markenjeans – denn wer wird schon ungerührt mitansehen, wie das eigene Kind in der Klasse zum Außenseiter abgestempelt wird, nur weil es in geerbten Klamotten oder in eher unspektakulären Sonderangeboten von Aldi zum Unterricht erscheint? Fehlendes Kleingeld ist das entscheidende Argument, auf einen Kauf zu verzichten, das wissen diese Kinder. Aber dass Freiheit etwas anderes ist, als sich alles kaufen zu können, was man haben will, ist ein Gedanke, der hier auf Befremden stößt. „Ohne Geld ist man einfach draußen" – die resignierte Erkenntnis aus dem Mund eines Zehnjährigen auf dem Weg zur großen Hofpause umschreibt einen Sog, der durchaus Gefahren birgt: Wenn Konsum alles ist, ist ohne Konsum alles nichts.

Wenn sie nur irgendwie können, dann erfüllen Eltern die Konsumwünsche ihrer Kinder, notfalls auf eigene Kosten: „Sie geben ihr Geld eher für die Kinder aus als für sich selbst", meint Niklas. Seine Mutter zum Beispiel kleide sich im Second-Hand-Shop ein, „und wenn ich sie ganz doll bitte, schenkt sie mir auch Unterhosen von Calvin Klein." Einige Kinder schätzen, dass ihre Mutter sich höchstens zweimal im Jahr etwas Neues kauft. „Und Papa trägt am allerliebsten seine alten Jeans", sagt Lisa, „der wehrt sich immer, wenn Mama sagt, dass er eine neue braucht." Aus ihrer Sicht erscheinen die Eltern manchmal geradezu merkwürdig bedürfnislos: „Eltern kaufen nur das, was sie brauchen", sagt Lisa und vermutet achselzuckend, dass es sich bei vielen Erwachsenen ähnlich verhält. „Denen sind einfach andere Dinge wichtig, die Familie, ihre Arbeit und so."

Doch hier und heute zählt das Outfit. Jede Gruppe, jede Clique und jede Klasse besitzt ein Arsenal von Dingen, die es ermöglichen, sich zu integrieren und teilzuhaben an einer gemeinsamen Kultur. Die Gegenstände variieren je nach Städten und Vierteln, Klassen und Cliquen, in denen die Kinder sich bewegen. Alter und Geschlecht, auch Vorbilder spielen eine Rolle. Skateboard, Ohrringe, gegelte Igelfrisuren, Diddl-Mäuse auf Mappen, Stiften und Ranzen – die In-and-Out-Liste lässt sich endlos fortsetzen und ist morgen sowieso schon wieder veraltet. All der Krempel, nach dem sie drängend verlangen, sind Erkennungszeichen. Und wer sie nicht besitzt, kann sich leicht als Außenseiter fühlen. Genau das lässt sie so hartnäckig und manchmal flehentlich in ihren Forderungen sein und macht es Eltern so schwer, sie abzuweisen. Schließlich kann man sie verstehen. Stellen Sie sich mal vor, Sie arbeiten in einem großen Unternehmen, wo der Nadelstreifenanzug als dress-code für jemanden in Ihrer Position verbindlich gilt und Ihre Ehefrau versucht Sie davon zu überzeugen, ein ultramarinblaues T-Shirt mit Bärchenmuster zu kaufen, weil Ihnen das viel besser steht und es das gerade im Sonderangebot gibt. Sie würden diese Idee noch nicht einmal diskutieren. Und wenn sie nicht locker ließe, würde Ihnen irgendwann der Kragen platzen und Sie würden ihr vorwerfen, sie hätte keinerlei Verständnis für die Anforderungen, die Ihr Berufsleben an Sie stellt.

Nun ja, Kinder geraten sehr oft in eine ganz ähnliche Lage. Sie haben Bedürfnisse, die in ihren Augen ganz wesentlich sind und begreifen die Ablehnung ihrer Eltern nicht. Im Handumdrehen steht die elterliche Liebe auf dem Spiel, wenn man sich ihren finanziellen Wünschen verschließt. Geld ist zwischen Eltern und Kindern längst zu einem unentbehrlichen Liebesbeweis geworden – wenn man es zulässt.

Cool muss es sein und manchmal krass: obenrum nur oversized: Ein paar Nummern zu groß muss das Sweat-Shirt schon sein, sonst wirkt es zu klein; die Jungen tragen die Hosen auf Halbmast, lassen den Bund der Unterhose blitzen. Die Schnürsenkel bleiben offen, Haargel muss her. Die Mädchen fangen an sich zu schminken, schlüpfen in bauchfreie Tops, staksen auf Brikettsohlen über den Schulhof und melden energisch, wenn die body lotion zur Neige geht. Der teure Schulranzen ist auf einmal total out und muss unverzüglich gegen den teuren Rucksack ausgetauscht werden. Kein Wunder, dass viele Eltern mit Befremden das Gespenst des Markenterrors heraufdämmern sehen und sich selbst, aber auch die anderen Eltern auf dem Elternabend fragen, wohin das führen wird und wie man gegenwirken könnte. Mehr als weltanschauliche Gründe oder Appelle zu Vernunft, Verzicht in Sachen Konsum treibt besorgte Mütter und Väter der Gedanke an die eigenen beschränkten finanziellen Möglichkeiten um. Beunruhigung mischt sich in die Frage, wie das eigene Kind damit klarkommt, wenn die Nobelmarken in der Klasse über Freund und Feind entscheiden? Wie steht mein Kind in der Klasse da? Wieviel in-Klamotten kann ich mir, wieviel out-Klamotten ihm zumuten?

Mit zehn, elf Jahren werden Kinder anfälliger für verlockende Konsumangebote als in den Jahren davor. Neu daran ist nur die Schärfe, mit der die Wünsche auf einmal angemeldet werden. Etwas zu haben, das andere nicht haben oder etwas haben zu wollen, gerade weil es andere haben, sind durchaus vertraute Töne im Wunschkonzert, die schon erklingen, wenn kleine Kinder die ersten Schritte aus dem Haus machen, um mit anderen kleinen Kindern zusammenzusein: der luxuriöse Puppenwagen mit Breitwandreifen und Super-Soft-Federung im Mille-Fleur-Design, den Pia zu Weihnachten bekommt, lässt in Linas Mutter die Sorge aufkeimen, dass Lina sich umgehend denselben mit Nachdruck wünschen wird. Wenn die Pokémon-Sammelwut plötzlich im Kindergarten ausbricht, ist es nur eine Frage von Stunden, bis der Nachwuchs mit flehentlichem Blick und gerecktem Zeigefinger auf die Bildertütchen im Supermarkt deuten wird. Schon früh sind Eltern ohne ein gewisses Maß an sturer Gelassenheit verloren, wenn sie angesichts der Oilily-Esprit-Portofino-Parade am Einschulungstag plötzlich ihr eigenes Kind im no-name-Sweat-Shirt, das schon dem großen Bruder gute Dienste geleistet hat, mit anderen Augen sehen. Lange vor aller erzieherischen Absicht und erst recht vor aller gut gemeinten und multimedial ausgefeilten Konsumpädagogik wird Kindern vermittelt, dass es besser ist, aus einem Konkurrenzsystem nicht herauszufallen, Niederlagen entweder zu vermeiden oder zu beschönigen. Der Erwerb dieser Einstellungen beginnt früh und ist so ungerichtet, dass eindeutige Zusammenhänge von Ursache und Wirkung sich nur schwer erschließen. Doch mit dem zehnten, elften Geburtstag erhält der Besitz und erst recht der Mangel an bestimmten Dingen eine andere Tönung: Eine höchst unsichere Lebensphase beginnt und die Frage nach der eigenen Identität stellt sich ganz neu, manchmal Tag für Tag. Nach und nach wendet sich das Kind von seiner Familie ab und den Gleichaltrigen zu. Das Abnabeln mit Hilfe der Außenfamilie stellt neue Aufgaben an die Selbstdarstellung: Liebe, Anerkennung und Zuneigung, die in der Familie selbstverständlich zu haben waren, haben ab jetzt einen Preis. Unter gleichaltrigen Kindern muss man sie sich verdienen, weniger durch intellektuelle als durch soziale und emotionale Fähigkeiten – und die Dinge, die sie symbolisieren. Hackordnungen in Klasse und Clique wollen ausgetragen sein: Wer ist angesagt? Antworten müssen her: Wer bin ich? Wie möchte ich sein? Wo gehörte ich hin? Die Suche nach einer neuen Identität ist nichts anderes, als das Leben in seiner ganzen Wucht und Widersprüchlichkeit zuzulassen. Da sind Gleichaltrige einfach näher. Wenn die Welt ins Wanken gerät und eine Fülle neuer Herausforderungen auf die größer gewordenen Kinder einstürmt, werden sie ansprechbarer für die verhaltenssichernde, Gewissheit stiftende Funktion von Konsum. Originelle Kleidungsstücke, die richtigen Klamotten eben, die angesagte Ausrüstung für die Schule und ein abgefahrenes Hobby müssen schon deshalb her, weil sich damit erwünschte Persönlichkeitseigenschaften symbolisieren lassen – cool, lässig, attraktiv, sportlich oder begehrenswert zu sein. Verschiedene Konsumgüter sind aufgeladen mit Bedeutung, die das Verlangen nach ihnen so übermächtig macht: Mit einer Plastikkarte lässt sich genauso wie mit einer Zigarette in der Hand Unabhängigkeit und Erwachsensein demonstrieren. Das piepsende Handy in der Tasche versichert nicht nur seinen Besitzer, sondern auch die Umstehenden, dass es sich hier um einen gefragten, gar begehrten Menschen handelt. Und wer könnte sich der Verlockung, gefragt, begehrt und wichtig zu sein, entziehen? Das können nicht mal Erwachsene besonders gut.

Das Äußere ist den Kindern wichtig, weil es ihnen Zugang zu bestimmten Gruppen verschafft und von anderen abgrenzt – cool zu sein wird entscheidend für den Einzelnen und seine Position in der Gruppe wie auch für die Klasse, wenn möglich ein bisschen cooler als die Parallelklasse, ein Bestreben, das beide Klassen gemeinsam haben. Unversehens wächst der Druck auf die Kinder, aber auch auf die Eltern, die vielleicht die Absetzbewegungen des Nachwuchses in Richtung ihrer eigenen Generation mit gemischten Gefühlen betrachten mögen, aber im Allgemeinen, wie in den Jahren zuvor auch, stets das Beste für ihre Kinder wollen.

Von Gruppendruck, Markenfreaks und Konformitätszwang

Auf der Schwelle vom Kind zum Jugendlichen haben Marktforscher längst eine sensible Grauzone ausgemacht, die sich in klingende Münze umsetzen lässt. „Pre-Teens", die sich weniger an Eltern und Lehrern orientieren, sondern immer stärker an Gleichaltrigen Maß nehmen, kaufen keine Hosen, sondern Levis, Diesel oder GAP. Zuhause mögen manche noch bereit

19

sein, Limonade oder Früchtetee zu trinken, für die Klassenfahrt sind aber Cola-Dosen angesagt. Gute Turnschuhe ohne Namen – das ist schlimmer als keine Turnschuhe an den Füßen. Nike, Adidas oder wenigstens Puma muss es sein – express yourself, be yourself und just me sind hochwirksame Kaufbefehle, deren Sog schwerer entgeht, wer gelernt hat zu glauben, dass nur ein bestimmtes Outfit die eigene Persönlichkeit zum Ausdruck bringt.

Entwicklungssprünge zeigen sich auch an den Anforderungen, die Kinder an Konsumartikel stellen. Für jüngere Kinder ist das Produkt selbst der Hauptauslöser für eine positive Beurteilung von Marken und Produkten. Ältere hingegen stellen Markenfaktoren in den Vordergrund: Welches Lebensgefühl kommt durch die Marke rüber, wie sehr ist die Marke in der Clique angesagt, welches Image strahlt die Marke in der Werbung aus? Die Gleichaltrigengruppe, in der Schulklasse und noch mehr in der Clique, hat nicht nur die Aufgaben der Außenfamilie übernommen, sondern auch die Funktion, bestimmte Produkt- und Markeninformationen aus der Werbung weiterzugeben und ein Markenimage zu schaffen. Eine eigene Dynamik entsteht: „Dabei stellt sich die Clique als wahres Markentribunal heraus: Marken werden besprochen und beurteilt. Es kristallisieren sich in-Marken heraus und solche, die out sind." So heißt es in einer Untersuchung, die das Institut für Jugendforschung im Auftrag der Jugendzeitschrift BRAVO vor knapp zehn Jahren durchgeführt hat. Sich dem Gruppendruck zu entziehen, ist kaum möglich, solange man dazugehören möchte und die Gleichaltrigengruppe eine wichtige identitätsstiftende Funktion hat, die durch bestimmte Marken noch unterstrichen wird. Der Spielraum ist eng, Alternativen zur angesagten Marke gibt es eigentlich nicht. Von befremdender Kompromisslosigkeit sind schon die Konsumwünsche der Achtjährigen begleitet: „Es gibt nur eine Marke pro Gattung, die das Rennen macht. Der jeweilige Zweite ist weit abgeschlagen", beschreibt Susanne Maisch, Geschäftsführerin des Ham-

20

burger Institutes für Online-Marktforschung EARSandEYES, ein Ergebnis der ersten deutschen Studie zur Internet-Markenbildung bei Kindern und Jugendlichen ab acht Jahren. „Das klar definierte Ranking in der Markenakzeptanz: Entweder die Marke ist cool oder raus." Die Antworten dieser Achtjährigen auf die Frage „Welche Marken findest du cool?" zeigen bereits, was unter 14-jährigen als Gewissheit gilt: Die meisten Befragten sind sicher, dass der Kleidungsstil viel über die eigenen Persönlichkeit aussagt (SPIEGEL-Outfit 3/1994). Markenklamotten helfen, eigene Unsicherheiten zu überspielen und die Zugehörigkeit zu einer bestimmten Gruppe zu demonstrieren. Markenorientierung entsteht in erster Linie im unmittelbaren sozialen Umfeld der Kinder und Jugendlichen: in der Familie, in der Schule, im Freundeskreis – und weniger über die Werbung. Die Bedeutung, die Eltern Kleidermarken beimessen – unabhängig davon, ob sie selbst sie kaufen oder tragen –, prägt die Markenorientierung der Kinder mit. Allerdings haben sie mit jedem Jahr weniger Einfluss darauf, welche Marken von den Kindern bevorzugt werden. Die orientieren sich schon früh eher an den älteren Geschwistern und vor allem am Freundeskreis und den Klassenkameraden. Prominente Namenszüge, noble Initialen, das weithin bekannte Fischgerippe, das flachgelegte Komma oder die drei Streifen auf dem Turnschuh – all dieses Embleme gleichen Eintrittskarten in diese oder jene gute Gesellschaft, der man sich zugehörig fühlen will. Sie sorgen für eine bestimmte Gruppenidentität und liefern gleichzeitig Verhaltensregeln und Wertvorstellungen mit: Der kindliche Träger eines Homeboy-T-Shirts wird sich innerhalb wie außerhalb der Skater-Gruppe eben wie ein Skater verhalten und Wertvorstellungen entwickeln, die ihn vom Rapper unterscheiden. Kleidermarken geben Kindern und Jugendlichen neben Status und Prestige in immer stärkerem Maße Sicherheit und Orientierung über ihre Rolle in der Welt, in der sie leben: nur scheinbar – wie kritische Stimmen aus der Erwachsenenwelt meinen, ja, unbedingt –, wie jeder Zehnjährige, der händeringend nach einer Großraumhose verlangt, betonen wird. Marken haben auch deshalb einen ungeheuren Stellenwert im täglichen Leben der Kinder erlangt, weil das Bedürfnis nach Orientierung und Demonstration – zu wissen, wo man steht und zu zeigen, was man hat, beziehungsweise ist –, das dahintersteht, so groß ist. Die ausgesprochene Markentreue der Kinder und Jugendlichen freut Industrie- und Werbewirtschaft, beunruhigt Eltern aus finanziellen Gründen. Aber gibt es ihnen auch zu denken? Die Treue, mit der Kinder an Etiketten kleben, unterstreicht aber auch die Dringlichkeit des Bedürfnisses, das hinter dem Wunsch zu erkennen ist. Der eigene Stil in punkto Kleidung und Frisur stärkt das Selbstwertgefühl in den vielen schwachen Momenten, aus denen das Heranwachsen besteht und hilft darüber hinaus, sich besser von den Erwachsenen abzugrenzen, ohne deren Werte rundheraus abzulehnen oder auf die Annehmlichkeiten des Erwachsenenlebens verzichten zu müssen: Die meisten Gleichaltrigengruppen schließen sich an erwachsenentypisches Verhalten an. Die Inszenierungsangebote der werbenden und produzierenden Industrie sind passgenau auf die Bedürfnisse dieses Lebensalters zugeschnitten und überfordernd vielfältig. 43 Prozent der Jugendlichen mit Lieblingsmarken sind auch nur an diesen interessiert, hat Carolin Bauer, Soziologin an der Universität Hohenheim, in einer aktuellen empirischen Befragung ermittelt. Die Hälfte der Kinder und Jugendlichen finden Marken wichtig, jeder sechste sogar sehr wichtig. Da muss es schon die Diesel-Jeans oder Nike-Turnschuhe oder nur dieser eine bestimmte Rucksack sein und alles andere ist ätzend – nur wer über die richtigen Accessoires verfügt, kommt als Spielgefährte, Kumpel oder Freundin in Frage.

Ohne Moos nichts los? Mega-Stress zwischen In and Out

Das richtige Emblem an Schuhen, Hosen und T-Shirts als Eintrittskarte: Für die Eltern kommt es teuer, wenn gute Turnschuhe, robuste Hosen und warme Pullover nicht reichen und es unbedingt die Marke sein muss, die von der Klasse oder der Clique zur bedeutungsvollen erhoben wird. Als wären die Auseinandersetzungen in den Familien um teure Klamotten, kostspielige Freizeitvergnügen und den eigenen CD-Player, der ohnehin in vielen Kinderzimmern samt Computer zur Standardausstattung hört, nicht schon genug – noch schwerer wiegen die Konflikte, die aufkeimen, wenn die Eltern die begehrte Markenkleidung ihren Kindern nicht kaufen können, das richtige Etikett aber als Eintrittskarte in die Gruppe gilt, zu der das eigene Kind gerne gehören möchte. Das Versprechen, dazuzugehören, wenn das Outfit stimmt und außen vor zu bleiben, wenn nicht, stürzt Kinder in ein ernstes Dilemma. Sie haben keine Wahl, wenn sie im Glauben aufgewachsen sind, ihre Persönlichkeit ausschließlich über das Tragen bestimmter Marken ausdrücken zu können. Besonders Konsumdruck und Markenterror, dem sich Eltern und Kinder ausgesetzt fühlen, machen ihnen zu schaffen. Der Konformitätszwang ist heute ausgeprägter als früher. Die Bereitschaft, jemanden auszugrenzen, weil er den falschen Ranzen, das falsche Handy, die falsche Jeans hat, ist groß.

Das Verlangen von Kindern nach äußerer Inszenierung führt Eltern in unübersichtliches Gelände, wo Verwöhnung schwer von Befriedigung berechtigter Bedürfnisse zu trennen ist. Wir hätten alle lieber, wenn sie mit Kuss und dickem Apfel zufrieden von dannen zögen. Und kaufen ihnen dann doch die sündhaft teuren Rollerblades. Er soll sich doch freuen, der Kleine. Und ein bisschen Glanz von seinem strahlenden Gesicht, mit dem er jetzt zum Skaten aufbricht, fällt auch wieder auf uns zurück. Die Vielfalt der Stilisierungsangebote variiert ein und dasselbe Bedürfnis: Das Ziel der sozialen Anerkennung geben

Menschen nie auf – doch sie unterscheiden sich in der Wahl ihrer Wege, dieses Ziel zu erreichen. Wenn Kinder keine Wahlmöglichkeiten kennen und leben gelernt haben, sind sie dem Wett-Anziehen hilflos ausgeliefert.

Alle Kinder, die auf die Welt kommen, wollen zunächst etwas lernen. Sie wollen geliebt werden, anderen Menschen gefallen, wollen Erfolge mit ihren Leistungen haben. Wenn es ihnen nicht gelingt, anderen zu gefallen oder um ihrer selbst willen geliebt zu werden, weichen sie auf Ersatz aus: Süßigkeiten und Spielzeug gehören zu den Routineangeboten, die unsere Gesellschaft für diese Grundbedürfnisse bereithält. Wenn sie mit dem Lernen nicht gut klarkommen, werden sie Schulversager und weichen wiederum aus. Und wenn es ihnen nicht gelingt, anderen zu gefallen, dann fangen sie an, etwas zu verschenken, um sich Liebe und Anerkennung zu erkaufen, dann investieren sie in Frisuren, Klamotten, Kosmetika und Luxuszubehör. Oder sie tun sich selbst etwas vermeintlich Gutes, sie essen zuviel oder überhaupt nichts mehr, rauchen Zigaretten, trinken Alkohol oder greifen zu anderen Drogen und Tabletten. Oder sie beginnen, sich selbst immer mehr abzulehnen und ihren Frust gegen sich selbst zu richten oder als Aggression nach außen zu wenden. Ihr eigentliches Streben, von anderen Menschen anerkannt zu sein, geben sie jedoch nie auf.

Die Schieflage beginnt mit dem Rückzug nach den vielen kleinen und größeren Niederlagen im Alltag. Wenn Kinder vielfältige Formen von Angst gegenüber kommunikativen und interaktiven Herausforderungen entwickeln, werden sie schnell als kontaktgestört, von mangelndem Selbstbewusstsein und Selbstwertgefühl gezeichnet beschrieben. Wo nur noch zählt, was für Geld zu haben ist, steigt der Druck auf den Einzelnen enorm, weil sich mit der Perspektive auch die Möglichkeiten für ein gelingendes Leben verengen. Wenn Geld zwar nicht alles, ohne Geld jedoch alles nichts ist, nehmen Kinder in ihren ureigensten Bedürfnisse Schaden – und nicht nur die, die vom

Konsum mangels Masse auf dem Konto ausgeschlossen sind. Im Wettbewerb einer Ellbogengesellschaft bleiben immer mehr Menschen auf der Strecke, und zwar unabhängig von ihrer materiellen Ausstattung.

Kinder als eigentümliche Wesen zu bejahen und ihnen zugestehen, dass sie voneinander verschieden sein dürfen, erlegt Eltern die Pflicht auf, ihnen dabei zu helfen, sich angemessen entscheiden, wehren, behaupten und durchsetzen zu können. Die Konsumorientierung von Kindern und Jugendlichen ist fraglos gewachsen. Unübersehbar stark sind Abhängigkeit von teuren Konsumangeboten und die Bereitschaft, dafür Schulden zu machen. Die Gründe dafür sind vielfältig. Fest steht aber auch, dass es für Kinder und Jugendliche heute viel schwieriger geworden ist als noch für ihre Eltern, sich in dem allgegenwärtigen Medien-, Freizeit- und Konsummarkt zurechtzufinden, den ausgefeilten Marktstrategien zu widerstehen und sich dem stärker gewordenen Konsumdruck, der von Gleichaltrigen ausgeht, zu entziehen. Eltern und Kinder stecken in der Wohlstandsfalle. Kinder und Jugendliche hatten noch nie soviel Geld in den Händen wie heute – und sie kommen immer weniger mit ihrem Geld aus. Mehr als 400 000 Schüler jobben nach der Schule und in den Ferien, bereits 16,5 Prozent der Minderjährigen machen Schulden, um mithalten und sich die kostspieligen Konsumwünsche erlauben zu können.

Unsere Gesellschaft lebt im Konsum, konsumfreie Orte sind rar geworden. Die Steigerung der Lebensverhältnisse, der Zugewinn an Besitz und Wohlstand, der Reiz zu haben und dadurch zu sein, ist so kräftig ausgeprägt wie noch niemals vorher. Wieso sollten sich Kinder und Jugendliche hier anders verhalten? Die Ansprüche von Kindern sind in den letzten Jahren enorm gestiegen, ohne dass die finanziellen Möglichkeiten der Eltern unbedingt damit Schritt halten können. Dadurch entsteht ein enormer Druck, dem standzuhalten von den Einzelnen viel verlangen kann: das Innehalten, die Bereitschaft zum offenen, aufrichtigen Gespräch über Geld und seine vielen Bedeutungen für das eigene Gefühlsleben und manchmal auch der Mut, Nein zu sagen. Den vielfältigen Konsumzwängen aber immer nur widerstandslos und allenfalls schlecht gelaunt nachzugeben, birgt die größere Gefahr, auf einer sich selbst verlängerten Treppe ins Himmelreich die Stufen emporzuhecheln: Man kommt nie an.

2. Kapitel
Marken, Stile und Gefühle

Von der Ware zur Marke

Wenn wir Suppenwürze und Papiertaschentücher, Bausteine aus Kunststoff, kleine Plastikanziehpuppen mit langen Haaren oder einen süßen Brotaufstrich kaufen wollen, verlangen wir Maggi, Tempos, Lego, Barbie oder Nutella. Die meisten Produkte in Kühlschränken, Küchen und Kinderzimmern, an unserem Körper und in unserer Garage tragen einen großen Namen. Was für Lebensmittel in den 20er Jahren des vergangenen Jahrhunderts eingeführt wurde, hat heute den gesamten Konsummarkt erobert: Marken verdrängen Produktbezeichnungen, geben dem Gegenstand einen unverwechselbaren Namen und verleihen ihm die Aura des Originals. Sie sind beredtes Zeichen für den Überfluss, in dem wir leben, ein allgegenwärtiges Signal für einen übersättigten Markt, auf dem die Ware als Gebrauchsprodukt allein nicht mehr bestehen kann. Das Image ist alles: Wie der Schweif an den Kometen hängt sich die Idee von Qualität, Besonderheit, Prestige und Identität an die Marke. Dahinter tritt die Ware bescheiden zurück. Denn die Marke überstrahlt den direkten Gebrauchswert, sie vermittelt eine Art magisches Fluidium, eine ästhetische Idee, ein Stück Lebensgestaltung: „Wir fühlen uns geheimnisvoll erweitert, wenn wir als Junge zum ersten Mal eine Coca-Cola trinken", beschreibt ein Autorenteam in der Studie „Kinder und Werbung" an der Bielefelder Universität den Zauber. Markenwerbung entfalte magische Kräfte, „sie baut ein Kraftzentrum für den Umworbenen auf, der ihr darum verfällt." Markenbildner sorgen wie Maskenbildner für das Gesicht der Marke. Sie erreichen, dass Kinder und Jugendliche hinschauen und wieder hinschauen, also Markenbindung entsteht. Zweifellos kann die Marke Qualität nicht ersetzen, aber bei der Frage, für welches von vielen gleichartigen Produkten man sich entscheidet, fällt die Wahl auf die Marke, der man für die Erfüllung von Sehnsüchten und Wünschen aller Art am meisten zutraut. Objektiv lassen sich keine Unterschiede mehr wahrnehmen, zum Beispiel zwischen Turnschuhen von Adidas und Nike. Erfolgreiche Marken geben ein mythenhaftes Versprechen, statt Qualität zählt Kult, in den der Konsument heute miteinbezogen ist, denn er soll die Botschaft der Marke selber weitergeben.

Marken sind mit originellen Ideen und einer Identität verknüpft. Die weltweit erfolgreichsten Marken sind solche, die nicht nur für Qualität stehen, sondern auch für Glaubenssätze. Sie knüpfen an das tiefe menschliche Bedürfnis an, in Traditionen verankert zu sein und sie stiften darüber hinaus sogar selbst welche: „Die stark verankerten Marken sind häufig 50 Jahre und älter", sagt Henrik Sattler, Professor für Marketing an der Universität Hamburg. Die Haltung der Deutschen spiegelt die Hitliste der in Deutschland stärksten Marken wider, wie sie die amerikanischen Werbeagentur Young & Rubicam in einer weltweiten Befragung von 45 000 Erwachsen ermittelte: Aldi steht dort an erster Stelle und unter den ersten zehn finden sich Tempo-Taschentücher, Lego und Nivea – die „stärkste Körperpflege-Marke der Welt", wie das Hamburger Unternehmen Beiersdorf, das Nivea seit 90 Jahren herstellt, betont. Noch länger auf dem Markt als Nivea ist Milka – die Schokoladenmarke feiert ihren hundertsten Geburtstag. Im Vergleich zu solchen Dauerbrennern haben es neue Marken schwer. Doch gerade in den letzten Jahren wurden zahlreiche neue Marken eingeführt. „Neun von zehn Einwohnern Deutschland kennen heute die Marke eon", sagt Josef Nelles, Konzernsprecher des Energieversorgers. Emotionen spielen bei der Erschaffung der Marke eine wichtige Rolle. Indem Eon Borussioa Dortmund sponsert, soll ein Stück der Emotionalität des Fußballs auf die Marke überge-

28

hen. Stromanbieter mit alten Namen wie die Bewag oder RWE, stehen nicht so stark für Innovation und Dynamik wie eine Neuschöpfung. „Eon tritt bewusst nicht als Billiganbieter auf, sondern positioniert sich über die Merkmale Innovation und Kundennutzen", sagt Nelles. Markenartikler können mehr Geld für gleiche Leistung verlangen. Zwar haben Marken häufig die gleiche Qualität wie no-name-Produkte oder Handelsmarken. Für den Verbraucher erwächst aber durch die inszenierte Markenwelt, wie zum Beispiel bei Becks, ein Zusatznutzen, der wiederum zu höherer Zahlungsbereitschaft führt. Große Labels bieten darüber hinaus die Chance, sofort zu erkennen: Der gehört in meine Stilgruppe. Der Kern der Marke ist das Zugehörigkeitsgefühl, in das sich kultische Verehrung mischt: eine Art Kurzzeit-Religion.

Bei Tretroller und Sportswear-Chic, Frühstücks-Cerealien und Pokémons: Mit vereinten Kräften von Musik, Medien und Lifestyle-Rummel basteln Markenstrategen große Trends und kleine Hypes, die nach einer Saison zwar getrost wieder vergessen werden können, aber mächtigen Strömen gleich die großen Labels wie Flagschiffe tragen. Die kaufstimulierende Verbindung entsteht im Kopf des Konsumenten, sobald das propagierte Image eines Produkts sich als Chiffre für einen Mangel präsentiert, den die Umworbenen als unerträglich empfinden müssen, damit prompt das Haben-Wollen auf den Plan tritt. Die subtile Verschiebung des Kaufgrundes vom realen Bedarf auf ein irreales Versprechen bezieht den Konsumenten in die Magie der Marke mit ein, indem es ihn symbolisch erhöht: Ich kaufe – nicht weil ich etwas brauche, sondern weil ich es mir wert bin.

Hat das erst geklappt, tritt die angepriesene Ware in den Hintergrund. Mit ihr geraten rationale, vernünftige Erwägungen um Kauf, Wert und Gegenwert an den Rand des Bewusstseins. Lohnt sich das? Brauche ich das wirklich? Was kriege ich für mein Geld? Diese Fragen scheinen merkwürdig veraltet, wenn das Gefühl und nicht der Geldbeutel die Regie beim Geldausgeben übernimmt. Marken dekorieren und übertünchen Warengattungen nicht nur, sie überstrahlen nüchterne Preis-Leistungs-Kalkulationen und entlarven leicht den, der sie dennoch äußert, als etwas desorientierten Bewohner der Region hinter dem Mond – jedenfalls in den Augen derer, die dank ihrer jungen Jahre und ihrer damit verbundenen speziellen Bedürfnislage mit den lebenswichtigen Lektionen des Triebaufschubs und des vernünftigen Abwägens im Angesicht drängender Wünsche und allgegenwärtiger Appelle doch jetzt zuzugreifen, noch wenig vertraut sind. Rechnet man einem 12-jährigen Markenfreak vor, dass er zum Preis einer, sagen wir, Levis-Jeans, bequem zwei no-name-Produkte der gleichen Qualität erwerben kann, wird man höchstens Unverständnis und Befremden ernten – was zählt ist das Original, daneben erscheint alles andere minderwertig. So schnell wie Kosten-Nutzen-Überlegungen angesichts des Kaufes von Dienstleistungen wie beispielsweise Beerdigungen pietätlos erscheinen, nehmen sich nüchterne Rechnungen auch in anderen gefühlsbetonten Märkten deplaziert und seltsam unbeholfen aus. Besonders der Markt für Kinder bietet sich mit Nachdruck dafür an, dass Eltern beim Geldausgeben eher Gefühle als haushaltspolitische Grundsätze walten lassen: Zuneigung und Sorge für die geliebten Kleinen verdrängen in einer Wohlstandsgesellschaft wie unserer nüchterne Kalkulationen. Wenn die Gleichung, Liebe ist ... ein bestimmtes Fruchtjoghurt, Hamburger, Gummibärchen, Mixgetränke oder Schokoriegel, Jeans und Turnschuhe erst einmal in den Köpfen der Umworbenen aufgegangen ist, erkennen Kinder schnell, wie sie sich selbst als einzigartige, über alles geliebte und grenzenloses Entzücken hervorrufende Persönlichkeit, sei es als süßes Früchtchen, Muttis Liebling oder coole Kids herausstaffieren und von den nicht weniger umsorgten Klassenkameraden absetzen können. Werbung wirkt, wenn sie die Begriffe ins Schwimmen bringt, wenn das Image statt der Information zum Kauf reizt und der Erwerb eines Produktes Identität verspricht – gerade denen, die aufgrund ihres Lebensalters mit ihrer ganz eigenen Suche nach Zugehörigkeit, Besonderheit und Unverwechselbarkeit so sehr beschäftigt sind: Nahrungsmittel und Süßigkeiten symbolisieren für Kinder genauso wie bestimmte Kleidermarken oder Walkmen, Videos, Computerspiele und Kinderkassetten ganz bestimmte verlockende Lebensstile. Die Festlegung auf bestimmte Marken funktioniert von klein auf. Kindergartenkinder, die von einem Schokoriegel begeistert sind, kehren spätestens, wenn sie eigene Kinder haben, zu dieser Marke zurück. Für Teenager sind Marken mittlerweile die Hauptquelle, aus der sie Identität schöpfen. Top oder Flop auch hier: Teenager finden eine Marke bedingungslos gut oder lehnen sie völlig ab. Haben sie sich erst einmal entschieden, bleiben sie treu – 89 Prozent der jugendlichen Käufer eines bestimmten Logos auf der Jeans tragen auch nur diese, laut einer Focus-Umfrage aus dem März 2001, 81 Prozent halten ihrem Deodorant die Treue, 76 Prozent kaufen immer dieselbe Marke bei Turnschuhen und Fruchtsäften.

Die Marke füllt ein Vakuum: Auf der Suche nach sich selbst, in einem Alter, in dem man Teil einer Bewegung sein will oder sich abgrenzen möchte, wirken Symbole wie Schutzpanzer. Sie ersetzen, was vor einiger Zeit noch politische, religiöse, philosophische oder poetische Ideen zu leisten vermochten. Der Impuls, sich mit einem Symbol zu kennzeichnen und so Teil von etwas zu sein, das größer ist als man selbst, ist einer der ältesten Instinkte in der Geschichte der Menschheit. Marken versprechen dasselbe wie geheime Abzeichen, stolze Wappen, ja sogar die Fahnen der Völker, unter denen sich die Krieger seit Jahrhunderten sammeln: Wenn die richtigen Logos auf deinen Klamotten funkeln, kann dir nichts passieren.

Markenwerbung beansprucht für sich, mehr zu sein als Nachricht – sie will einen Beitrag zum modernen Lebensgefühl leisten. Mit beträchtlichem Erfolg: Anstatt Gegenstände zu verkaufen, besetzen die Marken nicht nur Werte, die Sinnstifter wie Religionen und Parteien für sich reklamierten. In den späten achtziger Jahren stellten sich die Konzerne als Vorreiter

31

sexueller und rassischer Vielfalt dar – als Diesel in einer Anzeige zwei sich küssende Matrosen präsentierte, schienen Forderungen linker Identitätspolitik erfüllt – Minderheiten wurden sichtbar. Und seit Benneton mit Menschen aller Hautfarben plakatiert, hat das Stichwort Multikulti einen sinnfälligen Ausdruck gefunden. Konzerne propagieren Toleranz, Nonkonformität und Freiheit. Marken haben Kult-Status und nehmen immer mehr öffentlichen Raum ein, weil es eben nicht mehr um die Produkte geht, sondern um das Image, das verkauft wird. Die Marke ist Lifestyle und Weltanschauung. Marlboro verkauft Freiheit und Abenteuer und nicht etwa nur Zigaretten, Nike handelt beileibe nicht nur mit Turnschuhen, sondern steht für Fairness und Sportsgeist. Und wo regt sich Widerspruch, wenn der Diesel-Chef verkündet, er habe keine Bekleidungsfirma gegründet, sondern „eine Bewegung"?

Kinder und Jugendliche sind dabei selbst, manchmal durch den Druck der Gleichaltrigengruppe, zu werbewirksamen Impulsgebern, Innovationsdynamikern und idealen Warenpromotern für Erwachsene geworden. Sie wissen längst, welche Farbe die schönsten Pausen haben und später, dass Diesel nicht nur an der Tankstelle zu haben ist. Sie wissen auch, wo Lego-Technik-Kästen oder Levis-Jeans am günstigsten zu haben sind. Und mit der gleichen Spannung, die vor wenigen Jahren – oder war es gestern noch – der Ankunft von Christkind und Osterhase galt, erwarten sie den Kinostart von Harry Potter oder das Erscheinen der neuen Pokémon-Edition. Kurzum, sie können auf den Märkten, die ihnen wichtig sind, auf eine beachtliche Kompetenz zurückgreifen.

Botschaften und Kaufanreize geben sie an die Erwachsenen weiter, werden zu Trendsettern für Statussymbole, bestimmte Markenprodukte und trendige Staffage. An gestandene Busfahrer mittleren Alters mit gepiercten Nasenflügeln und Ruheständler mit jugendlichen Baseballkappen haben wir uns mittlerweile genauso gewöhnt wie an Seniorinnen in Lurexhosen, die auf Mountainbikes durch den Park flitzen. Während der

Nachwuchs weiterhin versucht, über Frisuren und Outfits in den eigenen Kreisen Anerkennung zu finden, wird er gleichzeitig zielgruppengenau als wandelnder Markenspeicher von Wirtschaft und Banken beworben. Werbung bedient sich nicht nur einzelner Versatzstücke der Jugendkultur, sie erschafft sie auch selbst. Um heranwachsendes und jugendliches Publikum zu erreichen, greifen Konzerne auf Idole der Popmusik und des Sports zurück. Bands und Stars werden sorgfältig nach Bekanntheits- und Beliebtheitsgrad analysiert, reüssieren als Bannerträger im Markenmarkt und tragen die Botschaft um die Welt. Die 250 Millionen Dollar, die dem Vernehmen nach Coca Cola für die Werberechte rund um den Kinostart des Harry-Potter-Filmes ausgegeben hat, werden sich lohnen. Jugendkultur und produktbezogenes Lebensgefühl gehen längst innige Mischungen ein, in der die Trennung zwischen Marke und Lebensstil aufgehoben ist. Wenn die Rechnung der Marktstrategen aufgeht, werden Kinder und Jugendliche die besagten Produkte benutzen, allein um ihre Zugehörigkeit zum propagierten Stil demonstrieren zu können. Dass die Rechnung glatt aufgeht, wissen alle Eltern, die über die Markenfixierung ihrer Kinder stöhnen.

Das Image wird zur (kauf-)entscheidenden Qualität – und verändert im Gegenzug das Produkt oder jedenfalls das, was wir im Nebel des Image-Gedöns noch von der Ware ausmachen können: So können sich Mineralölkonzerne als Umweltschützer, Getränkefirmen als Konzertveranstalter, Energiekonzerne als Sportsponsoren, Autofirmen als Verkehrswächter, Banken als attraktive Jugendclubs und Fastfoodketten als Kindergärten aufspielen – und für die Kleinen, die als Kunden von morgen höchste Wertschätzung genießen, hält man selbstverständlich kleine Aufmerksamkeiten vor.

Der Markt für Kinder ist seit den 70er Jahren enorm gewachsen. Er prangt mit gesonderten, satten Wachstumszahlen, schluckt beträchtliche Kaufkraft und verlangt spezielle Gepflogenheiten des Konsums. Die kleinen Kunden genießen direkte

Ansprache, Eltern und Großeltern hofiert die Werbewirtschaft als finanzstarke, pädagogisch ambitionierte, stets beflissen auf das leibseelische Wohl und Wehe sowie die sorgsame Rundum-Förderung des Nachwuchses bedachte Menschen, die sich im Zweifel beim Einkauf von Rock und Hose, Schokoriegel oder CD-Player eher nach der Marke als nach dem Preis richten.

Logos wie Adidas, Nike oder Coca-Cola haben im Alltag von Kindern und Jugendlichen den Auftritt von Popstars, bestücken als allgegenwärtige Requisiten Klassenzimmer und Schulhöfe. Marken sind Kindern vor allem bei Produkten wichtig, mit denen sie sich in der Öffentlichkeit zeigen – also neben Kleidung vor allem Schulsachen oder Schulranzen oder Rucksäcke. Jeweils die Hälfte der Kinder, so die Kids-Verbraucher-Analyse von 1999, legen großen Wert auf die Marke bei diesen Dingen, bei Sportschuhen steht für fast zwei Drittel die Marke im Vordergrund. Selbst bei bestimmten Lebensmitteln legen etwa 40 Prozent Wert auf die richtige Marke des Produkts. Und: etwa die Hälfte der Eltern berücksichtigt den Markenwunsch ihrer Kinder beim Einkauf dieser Dinge auch. Das Menschenrecht auf Markenware erfuhr vor kurzem sogar richterliche Bestätigung: Ein Gericht in Delmenhorst bei Bremen erkannte das Recht eines Mädchens an, mit einem Marken-Ranzen zur Schule zu gehen, weil sie mit einem Billig-Tornister als Tochter einer Sozialhilfeempfängerin zu erkennen sei, was unzumutbarerweise den Spott der Mitschüler auf sich zöge.

Kaufen zwischen Lust und Frust: kompensatorischer Konsum

Gemeinsam haben Billigjeans und Levis-Originale nur, dass sie die Blöße decken. Aber kommt es darauf an, wenn man freudig die knisternde Tüte mit der nagelneuen 501 nach Hause trägt? „In guten Klamotten fühle ich mich immer gleich besser", gibt der 14-jährige Patrick unumwunden zu. „Wenn man angemacht wird und sich in seinen Klamotten wohlfühlt, hat man mehr Selbstsicherheit und kann leichter einen Spruch zurückgeben. Wenn man in Billigjeans rumläuft, hat man gleich eine unsichere Ausstrahlung", meint Patrick, „das merken die anderen doch gleich." Und überhaupt: „Markensachen sind einfach schöner."

Hosen kaufen wir alle ja beileibe nicht nur, wenn wir frieren, genauso wenig wie wir nur essen, weil wir Hunger haben. Sobald der lebensnotwendige Bedarf an Gütern gestillt ist, hört der Konsum ja nicht auf. Vielmehr treten andere Formen des Gebrauchs und Verbrauchs von Gütern in den Vordergrund. Konsum dient mehr und mehr der Selbsterfahrung und vermittelt ein Erlebnis. Aufgeladen mit emotionaler Bedeutung, beginnen die Gegenstände zu sprechen: Der Gebrauch von Konsumgütern hat kommunikative Aufgaben übernommen, die uns selbst und den anderen Botschaften übermitteln. Auf der Grundlage des Kauferlebnisses setzen wir Güter ein, um den Eindruck, den die Mitmenschen von uns haben, zu lenken. Wir nehmen ihre Erwartungen in Gedanken vorweg, indem wir ein bestimmtes Image käuflich erwerben, und finden auf diese Weise Zugang zu einem Lebensstil oder einem Status, dem wir uns angehörig fühlen wollen. Nach innen verschafft der Konsum, der über das Lebensnotwendige herausgeht, Stabilität – der Gebrauch von Gütern dient der Selbstverwirklichung, indem er zum Werden der eigenen Identität beiträgt. Haste was, biste was – die Faustregel für das Kaufen, um (sich) zu zeigen, wird dank des gesellschaftlich begünstigten Kurzschlusses zwischen Selbstwert und Konsum immer bedeutsamer, weil der Vorgang sich anbietet, um drohende Erschütterungen der Ich-Identität abzuwehren. „Du gehst aus dem Laden und bist ein neuer Mensch", beschreibt eine 16-jährige, wie sie sich fühlt an diesem Samstagvormittag, als sie gerade 400 Mark für die neuesten Klamotten ausgegeben hat.

Im Ringen um seelische Ganzheit, hinter der Fassade cooler Gleichgültigkeit, starren sich Ängste und Wünsche aber keineswegs unverwandt an. Sie bilden jeweils das Spektrum, in dem unsere Kaufentscheidungen sich bewegen. Die gegenüberliegenden Pole Selbstwert und Konsumgüter sind wie in einem System kommunizierender Röhren miteinander verbunden, in denen der Strom von Waren, Wünschen und Ängsten rauscht. Eine innere Dynamik entfaltet sich, die sich durchaus unterschiedlich für jeden Menschen ausprägen kann, aber den Grundton stets beibehält: Nicht jeder konsumiert, um Ängste zu kompensieren, und beinahe jeder hat sich schon einmal für erlittenes Ungemach mit dem Kauf von diesem und jenem entschädigt, und längst nicht alle der Jugendlichen, die laut einer Befragung des Hamburger Instituts für Freizeitforschung von sich sagen: „Manchmal kaufe ich wie im Rausch" laufen Gefahr, in kaufsüchtiges Verhalten abzugleiten. Aber viele sind in Gefahr: Rund sechs Prozent der Jugendlichen in Ost und West können als kaufsüchtig bezeichnet werden, weitere 12 Prozent der 15- bis 20-Jährigen kaufen kompensatorisch, so hat der Bielefelder Sozialwissenschaftler Elmar Lange in einer Studie zum Jugendkonsum herausgefunden.

Gerade weil Konsumgüter sich für die Emotionsarbeit anbieten, ist die seelische Dynamik brisant. Kaufsucht und kompensatorisches Konsumieren sind die Kehrseiten des propagierten jugendlichen Fun-atismus, der Orientierung auf Lifestyle, Spaß und Erlebniskonsum. Je geringer der innere Pol „Selbstwert" ausgebildet ist, desto mehr muss von außen konsumiert werden, um die Lücke zu füllen. Die Balance des Gefühlshaushaltes zwischen Angstabwehr und Wunscherfüllung über den Gebrauch geeigneter Güter in der Hoffnung, die eine oder andere Angst dämpfen zu können oder sogar selbstwertdienliche Wirkungen hervorzurufen, führt der Augsburger Psychologe Rolf Haubl auf sechs wesentliche Entwicklungsaufgaben zurück, vor die sich jeder Heranwachsende in unserer Gesellschaft gestellt sieht: Überleben, Schutz, Bindung, Individuation, Zielsetzung und Kontrolle. Jede dieser Entwicklungsaufgaben geht mit bestimmten Ängsten und Wünschen einher, die angenommen, bewältigt oder (ersatz-)befriedigt werden können. Der Wunsch nach Vitalität und die Angst vor Leblosigkeit begleiten die Aufgabe „Überleben". Der Wunsch nach Sicherheit, Liebe, Selbständigkeit, Erfolg und Macht hat die Kehrseite der Angst vor Hilflosigkeit, Gleichgültigkeit, Abhängigkeit, Versagen und Unterwerfung.

Die Verschiebung der Konsumstruktur von der Befriedigung existentieller Grundbedürfnisse auf strategisch einsetzbare Werkzeuge, mit denen versucht wird, seelischen und geistigen Entwicklungsherausforderungen beschwichtigend zu begegnen, verändert im Gegenzug auch die Konsumbedürfnisse, die nun als Grundbedürfnisse erlebt werden. Das coole Outfit, den Gameboy, Computerspiele, ein Kickboard, das Handy – mit einem Mal braucht man das alles: Mit der richtigen Hose zeigen Kinder und Jugendliche dasselbe wie Erwachsene mit dem richtigen Auto oder dem Designer-Sofa. „Wenn ich bei den Skatern dazugehören will, brauche ich neue Rollerblades", macht der Elfjährige unumwunden klar. Den verständnislosen Einwand seiner Mutter, „aber die kosten 400 Mark und deine alten sind doch noch in Ordnung???", quittiert er bündig: „Das ist doch egal. Wichtig ist doch nicht, ob die noch fahren. Wichtig ist, dass ich die habe und den anderen zeigen kann."

Über den Besitz und das Zurschaustellen von Konsumgütern handeln Kinder und Jugendlichen Rollen und Status aus. Sie ziehen Anerkennung auf sich und teilen die Macht in der Gruppe untereinander auf. Marken knüpfen sehr persönliche Beziehungen zu Konsumenten und festigen die Illusion: Wir sind, was wir kaufen. Auf diese Weise besetzen sie neue Ideen, kulturelle Inhalte und öffentliche Räume und verdrängen andere Quellen, aus denen Identität, Selbstwert und Zugehörigkeit erwachsen können – eine brisante Entwicklung, die für den Einzelnen beträchtliche Risiken bereithält: Der Statusgewinn über bestimmte Konsumgüter allein entscheidet, gleichsam abgekoppelt von Kosten-Nutzen-Erwägungen – und schon kauft man Dinge, die man im Grund gar nicht braucht, mit dem Geld, das man nicht hat, um jemandem zu imponieren, den man überhaupt nicht leiden kann ...

Kaufen macht Spaß – und davon gibt es gemeinhin im Alltag zu wenig. Man gönnt sich ja sonst nichts, sekundiert die Werbung eilfertig und schon haben wir einen guten Grund. Also kaufen wir, um uns zu erfreuen und zu belohnen, um einen Ausgleich zu schaffen für den Ärger mit dem Lehrer oder Chef, für den Frust mit dem Freund oder dem Partner, für die Enttäuschung über die schlechte Noten genauso wie über die ausbleibende Beförderung. Immer dann, wenn das Gefühl von innerer Leere, bleiernem Frust, schmerzlicher Niederlage und anderer vermeintlicher Defizite nach Ausgleich verlangt, braucht man etwas von außen, mit dem sich das Gleichgewicht wieder herstellen lässt. Und findet es – natürlich nicht zufällig – in der bunten, überquellenden Warenwelt. Das hilft, wenigstens vorübergehend: Heranwachsende, die sich sehr unsicher fühlen und dringend Anerkennung suchen, fühlen sich aufgewertet, wenn sie die ausgebeulten Cordhosen und verwaschenen Pullis gegen die nagelneue Worker-Jeans und das übergroße Fishbone-Shirt tauschen, den Sony-Walkmen über die Ohren stülpen und auf dem Kickboard in die Schule flitzen. Das ändert zwar grundsätzlich nichts am kränkelnden Selbstwertgefühl, das mit der fünften Fünf in diesem Schuljahr schwer unter Beschuss geraten ist, aber es lindert. Konsum mindert Ängste und stärkt das Selbstwertgefühl. Das erleichtert die Alltagbewältigung merklich, jedenfalls so lange die Wirkung anhält. Kompensatorisches Kaufen kann über viel Stress und Enttäuschung, wie sie jedes Lebensalter bereithält, hinweghelfen. Vorgelebt wird das den Kindern allenthalben. Wir wollen etwas haben und kaufen um der Befriedigung willen, die der Vorgang selbst uns verschafft. Zugleich erwarten wir, dass diese Befriedigung einen Ausgleich für die Enttäuschung bieten möge, die das unbewältigte Problem hervorgerufen hat. Und wenn die Wirkung nachlässt, muss sofort das Nächste her. Die Gefahren des Konsums, der zum Ersatz für alles Mögliche werden kann, hat der Psychoanalytiker Erich Fromm so beschrieben: „Konsumieren ist eine Form des Habens, vielleicht die wichtigste in den heutigen Überflussgesellschaften; Konsumieren ist etwas Zweideutiges. Es vermindert die Angst, weil mir das Konsumierte nicht weggenommen werden kann, aber es zwingt mich auch, immer mehr zu konsumieren, denn das einmal Konsumierte hört bald auf, mich zu befriedigen. Der moderne Konsument könnte sich mit der Formel identifizieren: Ich bin, was ich habe und was ich konsumiere."

Der Zwang zur Dosissteigerung, die Verengung der Lebensperspektive auf bestimmte Objekte der Begierde, die schon bald als unwiderstehlich empfunden werden, sogar das Auftreten von Entzugserscheinungen und erst recht die Lähmung der eigenen Fähigkeiten, eine Herausforderung zu meistern – ganz ähnlich wie bei anderen Süchten auch birgt der Konsum Gefahren für den Geldbeutel, die größeren aber für dessen Besitzer. Die Mechanismen, die uns angesichts von Drogen-, Sucht- und Rauschmittelkonsums aller Art so geläufig sind, übersehen wir beim ganz alltäglichen Konsum von ganz normalen Gütern nur zu gerne. In der Konsumwelt meint doch immer mehr zu haben, der etwas kauft und (ein)nimmt. Die begehrten Konsumgüter gewinnen genau wie Drogen eine starke Faszination für Heranwachsende, weil sie versprechen, das Bewusstsein zu verändern. Stimmungen, Gefühle, Empfindungen, die äußerst anfällig für Selbstzweifel sind, können durch das begehrte Outfit, das angesagte Styling, die richtigen Utensilien beträchtlich gestärkt werden – so jedenfalls das Versprechen, das eine trügerische Verheißung darstellt, wie wir gegenüber heranwachsenden Kindern nicht müde werden zu betonen, wenn es um bewusstseinsverändernde Drogen geht.

Das muss ich haben: süchtiger Konsum

Demonstrativer, kompensatorischer und süchtiger Konsum können ineinander übergehen. Zwar haben diese Kategorien die Fachbücher noch kaum verlassen, nützlich sind sie trotzdem, um sich gängige Konsummuster zu vergegenwärtigen. Konsum ist allgegenwärtig und alltäglich, die Grenzen fließen.

Kompensatorischer Konsum jedoch kann in die Kaufsucht führen. Wenn Kaufen und Konsum zur vorherrschenden Quelle des Selbstwertgefühls werden und in den Dienst der Selbstbestätigung treten, ersetzen sie dabei unweigerlich produktives Verhalten, das üblicherweise zur Wertschätzung durch Dritte und darüber auch zur Aufwertung der eigenen Person führt. Je stärker ein Kind oder Jugendlicher auf Konsum setzt, desto weniger wird er aufwändige und anstrengende Leistungen für sich selbst oder andere erbringen, die für die Gestaltung des eigenen Lebens erforderlich sind. Das Kaufen ist heute vor allem mit Symbolen der Belohnung, der Größe, der Fülle, der Sicherheit und Freiheit verbunden; im Grunde also mit der Zufriedenheit und Erfüllung, die man durch eigene Leistungen und aus den Beziehungen zu anderen Menschen gewinnen kann, nicht aber durch das Kaufen selbst oder den Besitz materieller Güter. Die kulturelle Symbolik des Kaufens und Konsumierens schlägt sich unmittelbar in kompensatorischen und süchtigen Formen nieder: Kaufsüchtige Jugendliche verbinden mit Konsum vor allem die emotional hoch besetzten Bedeutungen von „Liebe", „Wärme" und „Geborgenheit". Anders die kompensatorisch Kaufenden: Sie stellen die instrumentelle Bedeutung des Konsumierens in den Vordergrund: „Können", „Stärke", Belohnung", „Selbständigkeit" und „Überfluss".

Zu diesem Ergebnis kommt der Sozialwissenschaftler Elmar Lange in seiner Untersuchung zum Ausmaß von kompensatorischem Konsum und Kaufsucht bei Jugendlichen in den alten und neuen Bundesländern aus dem Jahr 1997. Zwar verhalten sich 82 Prozent der Kinder und Jugendlichen als Käufer völlig rational und ihrem Geldbeutel angemessen. Doch 12 Prozent der Befragten müssen als kompensatorische, sechs Prozent als süchtige Käufer eingestuft werden. Knapp ein Drittel aller befragten Jugendlichen berichten von der ebenso häufigen wie starken Versuchung, Dinge einfach zu kaufen, weil sie Lust dazu haben, weil sie einen unwiderstehlichen Drang verspüren oder weil sie Geld einfach ausgeben müssen, wenn sie es haben. Nur zehn Prozent haben damit kein Problem, die anderen Jugendlichen berichten, dass sie nach dem Kauf ein schlechtes Gewissen haben und sich nicht trauen, das Erworbene anderen zu zeigen, weil sie nicht für unvernünftig gehalten werden wollen. 850 000 Jugendliche zwischen 15 und 20 Jahren haben Schulden, 250 000 sind sogar regelrecht überschuldet, so ein weiteres Ergebnis dieser Studie. Problematisch sind neben den vielen Angeboten, auf Pump zu kaufen, besonders Produkte, die hohe Kosten nach sich ziehen – Handys oder Internetanschlüsse. Gut die Hälfte aller 12- bis 19-Jährigen in Deutschland besitzt inzwischen ein Handy. Kosten für Mobiltelefone stellen den Hauptgrund für Schulden von Jugendlichen und jungen Erwachsenen dar. Offene Handyrechnungen von tausend Mark sind keine Seltenheit mehr. Der Einstieg in die Schuldnerkarriere beginnt früh. „80 Prozent derjenigen, die als Erwachsene in die Beratung kommen", sagt Wolfgang Huber, Leiter des Vereins Schuldnerhilfe in Essen, „haben schon im Alter zwischen 16 und 25 Jahren angefangen, sich zu verschulden." Dass die innere Konsumbarriere in Bewegung geraten ist, bestätigt auch eine neuere Studie der Universität Oldenburg. Rund 1000 Schüler wurden gefragt, was sie tun würden, wenn sie sich etwas wünschen, es aber nicht bezahlen können. Über die Hälfte der Befragten antwortete, sie würden sich das Geld dafür leihen. Nur 24 Prozent der Schüler bekundete die Bereitschaft, auf das Gewünschte zu verzichten. Gerade das immer einfacher werdende Einkaufen per Internet ermuntere Jugendliche dazu, über ihre Verhältnisse zu leben, so Armin Lewald, der Autor dieser Untersuchung. Den Grund für dieses Verhalten sieht

Schuldnerberater Wolfgang Huber in der Struktur der Gesellschaft: „Der Knackpunkt ist die Geisteshaltung, die vielen Jugendlichen vermittelt wird: Schick sein und dabei sein, darum geht es."

Auf dem Grund des Überflusses herrscht Mangel: ein erster Tauchgang

Wenn in der fünften, sechsten Klasse der Besitz einer bestimmten Turnschuhmarke plötzlich zum unverzichtbaren Standard gehört und ein paar Wochen später dieses, und zwar nur dieses Logo, auf der Jeans ihrem Besitzer ermöglicht, den Schulbesuch ohne Gesichtsverlust zu absolvieren, fragen sich Eltern mitunter beunruhigt, wo das hinführt. Sensationslüsterne Presseberichte von der Jugend im Kaufrausch, die dem Vernehmen nach nichts anderes im Sinn hat als zu kaufen und zu konsumieren, was gerade angesagt ist, tun das ihre, um diese Beunruhigung zu schüren. Muss man da jetzt nicht gegenhalten? Wäre es schon Verwöhnung, dem heranwachsenden Kind die Teilhabe an diesem oder jenem modischen Spleen zu finanzieren? Würde sich das Kind nicht vernachlässigt fühlen, wenn ihm seine Eltern mit den besten Gründen das begehrte Gut verweigern? Muss man dem wütenden Protest entnehmen, dass allein dieses begehrte Produkt dem Kind geeignet erscheint, sein geschwächtes Selbstgefühl zu stärken? Und wenn wir dann am Ende umfallen und Nike-Sweatshirts, Converse-Schuhe oder Levi's-Jeans anschaffen, haben wir dann seinem Selbstbewusstsein auf die Sprünge geholfen oder einem möglicherweise ausufernden Kaufverhalten der Kinder Vorschub geleistet? Das alltägliche Konsumverhalten von Kindern, bestimmte Auswüchse und problematische Kaufgewohnheiten trennen im Alltag – nein, nicht Welten, sondern manchmal nur Schritte. Es ergibt durchaus Sinn, den Berg vielfältiger Konsumgewohnheiten vom Gipfel der problematischen Auswüchse wie kompensatorischem oder süchtigen Kaufen her zu betrachten, um Irrwege im unwegbaren Gelände frühzeitig zu erkennen, abzuwägen und andere Wege einschlagen zu können oder auch nur einen schmalen Pfad zwischen Konsum und Genuss zu bahnen. Kompensatorischer Konsum und Kaufsucht als Verhalten, das zumindest beinahe jeder fünfte Jugendliche an den Tag legt, wirft zumindest die Frage nach den Ursachen auf. „Kompensatorischer Konsum und Kaufsucht sind auf der psychischen Ebene zunächst einmal die Folge einer ausgeprägten Selbstwertschwäche, die sich in der Unfähigkeit zeigt, die eigenen Gefühle auszudrücken und zu leben, die eigenen Fähigkeiten einzuschätzen und die eigenen Fertigkeiten einzusetzen sowie selbständig zu entscheiden", fasst Elmar Lange das zentrale Ergebnis seiner Untersuchung über jugendliches Kaufsuchtverhalten in Deutschland zusammen. Das heranwachsende Selbstwertgefühl steht an vielen Fronten unter Beschuss: Familie, Erziehungsstil, Schule, Gleichaltrigengruppe und Einflüsse der Werbung prägen das Konsumverhalten von Kindern über die Botschaften, die sie dem Selbstwertgefühl übermitteln. Familienverhältnisse, in denen Kindern und Jugendlichen zu wenig Aufmerksamkeit und Anerkennung entgegengebracht wird, in denen es an Wärme, Liebe und Zuwendung fehlt, fördern Minderwertigkeitsgefühle. Wer zu wenig Wärme, Liebe, Aufmerksamkeit und Wertschätzung von außen erfährt, kann auch sich selbst nicht lieben und schätzen. Ein überbehütender Erziehungsstil, der aus der Unsicherheit der Eltern erwächst und im Bestreben, den Kindern Misserfolge, Rückschläge, Leid und Schmerzen zu ersparen, lässt Zutrauen in die eigenen Fähigkeiten erst gar nicht entstehen. Wem Anstrengungen und Herausforderungen immer nur abgenommen werden, weil man ihm nicht zutraut, sie aus eigener Kraft zu lösen, der verliert bald selbst das Zutrauen.

Kompensatorischer Konsum als Folge von Selbstwertschwäche häuft sich in Familien, in denen die Kinder zwar Anerkennung und Aufmerksamkeit erfahren, allerdings eher durch materielle als durch persönliche Zuwendung, unterstreicht Elmar Lange den Zusammenhang. „Wo Eltern glauben, dass ihre Anerkennung und ihr sozialer Status besonders auf ihrem materiellen Besitz beruht", so sein Ergebnis, „tritt dieses Konsummuster gehäuft auf." In der Schule geht das weiter. Schulzeit bedeutet Leistungszeit – von Mathe über Sprachen bis Sport reicht die Skala der Schulleistungen, die einer Überprüfung regelmäßig standhalten müssen. Was man in der Schule taugt, erfährt man spätestens nach jeder Klassenarbeit. Noten legen die Leistungshierarchie stets aufs Neue fest – und meistens bestätigen sie die schon bekannte: im Großen und Ganzen bleibt die über Noten vermittelte Hackordnung stabil. Es sind häufig immer wieder dieselben Schüler, die an der Spitze stehen oder am unteren Ende des Klassenspiegels landen. Kein Wunder, dass gerade die Vierer-, Fünfer- und Sechser-Kandidaten versuchen, ihre Misserfolgsbilanz durch Statusgüter aufzupolieren. Unter Gleichaltrigen geht es um die Hackordnung. Im Mittelpunkt zu stehen, einfach nur dazu zu gehören oder das Geschehen vom Rande aus zu beobachten – jede Position in der peer group hat einen eigenen Sog. Jugendliche, die mehr am Rande der Gruppe stehen, suchen eher Anerkennung auch in Form kompensatorischen oder gar kaufsüchtigen Verhaltens auf sich zu ziehen als die, die sie schon haben, weil sie im Mittelpunkt stehen. Darüber hinaus sei kompensatorischer Konsum und Kaufsucht umso stärker ausgeprägt, je intensiver in der Gruppe darüber gesprochen werde, was man kaufen soll, was gerade in ist und je bedeutsamer die Meinung der Freunde über die Konsumverhaltensweisen erscheint, betont Elmar Lange. Die Rolle der Werbung für die Ausprägung problematischer Konsummuster hingegen beschreibt der Soziologe als zwiespältig: Werbung verstärke einerseits kompensatorisches Verhalten und Kaufsucht, andererseits sprächen gefährdete Jugendliche selbst stärker auf die Werbebotschaften an als Normalkäufer. Darüber hinaus finden sie deutlich mehr Spaß an der Werbung und finden, dass die Werbung Abwechslung in die Medien bringt. Nicht wenige glauben, dass sie über die Werbung inhaltliche Informationen über die angebotenen Waren enthalten.

Was fehlt, wenn es an nichts fehlen darf

Kinder heute zu einem angemessenen, vernünftigen Umgang mit Geld, Konsum und Genuss zu erziehen, ist für Eltern alles andere als einfach. Den allgegenwärtigen Konsum in Bausch und Bogen zu verurteilen, hilft gar nichts. Aber er lässt sich doch in die richtigen Bahnen leiten. Kinder können wie Erwachsene auch den Werbeschlachten kaum entkommen, sie sind gezwungen, Kaufappelle und -anreize in ihre Sicht auf die Dinge einzubauen. Shoppen, der mit emotionaler Bedeutung aufgeladene Kaufakt, macht schließlich (nicht nur Kindern und Jugendlichen) Spaß. Verführt werden sie nur, wenn sie die Fähigkeit zum Auswählen und auch zum Verzichten nicht entwickeln können und auch die Aufgabe der Eltern, Vorbild zu sein, gescheitert ist. Der Blick vom Gipfel nur kompensierenden und zwanghaft süchtigen Konsumierens auf den ganz normalen Spaß beim Kaufen kann jedoch die offenen Flanken des Erlebniskonsums erkennen lassen, dem wir alle mehr oder weniger frönen. Die Kraft im Kochtopf, die das Wasser zum Überkochen bringt, ist dieselbe, die Vulkane ausbrechen lässt. Wo Konsum zum Lebensinhalt, zum Trostpflaster für Minderwertigkeitsgefühle und zum Ersatz für Elternliebe geworden ist, vermittelt er keine tiefere Befriedigung mehr, erst recht nicht, wenn Konsumgüter zum Lückenbüßer für den Mangel in ganz anderen Seelenlagen werden und Abhängigkeit schaffen. Natürlich soll es den Kindern an nichts fehlen. Aber ein gesellschaftliches Klima, in dem Einschränkung und Verzicht im Alltag nicht vorkommen, weil niemand für sie Reklame macht, schwächt die Möglichkeiten der Heranwachsenden, mit ihren Bedürfnissen angemessen umzugehen, genauso wie das Familienklima die Entwicklung von Selbstwert und Unabhängigkeit behindert, in dem Schwierigkeiten allzu beflissen aus dem Weg geräumt werden.

Das Stakkato der Werbebotschaften gibt auch im pädagogischen Konzert den Takt an. Haben wir uns nicht alle längst daran gewöhnt, einen unangenehmen Zustand – sei es Langeweile, sei es Niedergeschlagenheit, sei es Überdruss – durch einen Mangel zu erklären – an Unterhaltung, Freuden, Anreizen jeder Art –, anstatt ihn auf die Überfülle der Produkte, Ansprüche und Kaufappelle zurückzuführen? Lassen wir offen, ob der Elfjährige, der mit Nachdruck auf Nike-Turnschuhen besteht, tatsächlich verwöhnt wird, wenn er sie bekommt. Kriegt er, was er will, hat er am Ende die angesagte Turnschuhmarke an den Füßen. Kriegt er sie nicht, muss er versuchen, dieses Manko anders auszugleichen: Ob er beschließt, in der Umkleidekabine ein Paar Nikes zu klauen oder versucht, mit anderen Talenten Erfolg zu haben oder sich gar durchringt, den Mangel mit Würde zu tragen, hängt unter anderem von den Werten ab, denen er zuneigt. Und Werte erwirbt man in der Familie, nicht im Flagship-Store. Zweifellos bildet der Verzicht im Gegensatz zur Verwöhnung seelische Strukturen aus, die wichtig sein können, um vielfältige Mängellagen, die Eltern ihren Kindern niemals ersparen können, meistern zu können. Kinder, die anderer Möglichkeiten ihrer Entwicklung beraubt sind, sind dem Konsumgetöse auf allen Kanälen zunehmend wehrlos ausgeliefert. Viele Erfahrungen, die sie zu selbständigen, eigensinnigen, unabhängigen Menschen werden lassen, können sie nicht mehr machen – aber dafür machen sie andere. Sie können in einer zum größten Teil verstädterten und vom Schnellverkehr belasteten Umwelt nicht mehr frei und ohne Aufsicht spielen, aber sie dürfen stundenlang fernsehen. Sie werden genährt, gekleidet und von ambitionierten Eltern nach Kräften gefördert. Aber sie haben ziemlich wenig Gelegenheiten, sich als nützliches, eigenständiges, wertvolles und unverzichtbares Mitglied einer

Familie oder Gesellschaft zu erleben, dessen einzigartige Fähigkeiten eine Bereicherung für die Gemeinschaft bedeuten. Vielen wird jeder Wunsch von den Augen abgelesen, doch das eigentlich Bedürfnis dahinter bleibt unerkannt. Sie stecken in einem Gerüst von Terminen, aber sie dürfen mehr Geld ausgeben als jede Generation vor ihnen.

Um in der Warenwelt gut leben zu können, braucht es Selbstbeschränkung in Form einer Entscheidung, in welchem Maße man sich am Konsum beteiligen will. Gefragt sind Fähigkeiten, die den übermächtigen Konsumimpuls ausdünnen können. Dazu braucht es ein Gegengewicht in Gestalt von Verhältnissen, die das Selbstwertgefühl, das Selbstvertrauen und die Selbständigkeit von Kindern und Jugendlichen fördern. Das funktioniert ganz gut, wenn man das Gießkannenprinzip der materiellen Berieselung meidet zugunsten von stärker emotional besetzten Genüssen – damit klar wird: Die Hauptsache ist doch das, was mit dem Materiellen mitgeliefert wird.

3. Kapitel
Kinder und Konsum

Skippies, Kids und jede Menge Kohle

„Von meinem Vater kriege ich jeden Monat 75 Mark aufs Konto. 15 davon sind fürs Handy, 60 zum Ausgeben", rechnet die 12-jährige Luise vor, „meistens ist das schon nach zwei Wochen alle." Dann muss ihr Vater einspringen, „zum Glück stellt er sich da nicht groß an", sagt Luise. „Aber das ist ja noch lange nicht alles", wirft ihr Vater ein. „Jeden Morgen 'ne Mark für Kaugummi, und wenn sie sich zwischendurch etwas wünscht, kriegt sie es auch." Zum Beispiel das Kickboard, das sie sich wünschte. Da hat er gesagt, „komm wir gehen mal gucken." Sie war dann auch die erste in der Klasse, die eines hatte – 499 Mark. Eine Wartezeit einbauen oder sowas, „nee, das finde ich blöd", Luises Vater schüttelt den Kopf. „Ich sehe mich lieber als Gönner, ich möchte sie in meinen Lebensstil mitnehmen." Es mache ihm ja auch Spaß, ihre Wünsche zu erfüllen. Und davon hat sie viele. Neulich erst die Lackstiefel für 168 Mark ... Nachdenklich räumt er ein, „irgendwie genieße ich das auch, wenn sie ankommt mit bitte-bitte." Auseinandersetzungen ums Geld gibt es eigentlich nicht, nur neulich, als Luise herumliegende Pfennige weggeworfen hat, ist es ihm doch zu bunt geworden. „Wer den Pfennig nicht ehrt und so", sagt er, „ich bin in einer Familie mit Prinzipien aufgewachsen. Geld gab es fürs Zeugnis, fürs Autowaschen und Rasenmähen, darüber hinaus gab es nichts." Die Folge: „Ich habe mit 10, 11 Jahren tierisch viel geklaut." Luise hat das nicht nötig. „Rund 200 Mark im Monat", schätzt ihr Vater, „gehen für Wünsche drauf." Allerdings habe er neuerdings den Eindruck, dass Luise keine Ahnung hat, was Geld wert ist und wieviel man dafür arbeiten muss. Die letzte Rechnung fürs Handy betrug 103 Mark. „Ist das viel?", hat sie verständnislos gefragt, als er sich aufgeregt hat. Luise lacht, während ihr Vater unbehaglich auf dem Stuhl hin und her rutscht. Sprüche wie sein eigener Vater, für jede Mark, die du ausgibst, muss ich arbeiten, wolle er nicht ablassen, andererseits müsse sie irgendwie verstehen, mit Geld klarzukommen. Einen Job, etwas dazuverdienen – „wenn sie das täte, fände ich es toll", sagt er. Mit einem Seitenblick auf seine Tochter, die in eine andere Richtung schaut, sagt er „Andererseits hat sie überhaupt keine Motivation, Geld ranzuschaffen, sie kriegt ja alles von mir."

Das regelmäßige Taschengeld gehört zum guten Ton in vier Fünftel aller deutschen Familien. Die wenigsten Eltern nehmen Einfluss darauf, was die Kinder mit dem Geld machen, viele jedoch beraten den Nachwuchs, wenn es um größere Anschaffungen geht. Doch je älter die Kinder werden, desto mehr halten sich die Eltern aus den Geldangelegenheiten heraus – dies gilt unabhängig von der ökonomischen Situation der Familie, stellt Tatjana Rosendorfer in ihrer Untersuchung „Kinder und Geld" fest: Planen und Einteilen lernt man durch eigene Erfahrungen. Was aber tun Eltern, wenn ihr Kind das Taschengeld für den laufenden Monat ausgegeben hat und nun um Nachschlag bittet? Abgesehen von den Befragten, die angaben, dass so etwas bei ihnen nicht vorkäme, geben die Eltern (38 %) überwiegend dem Wunsch der Kinder nach und händigen ihnen einen Zuschuss zum Taschengeld aus. Ein kleiner Teil der Eltern, nämlich etwa neun Prozent, lehnt eine Nachforderung mit dem Argument ab, das Kind müsse eben lernen, sein Taschengeld einzuteilen.

Der Umgang mit Geld gehört fraglos zu den wichtigsten Fähigkeiten im Leben einer marktwirtschaftlich organisierten Gesellschaft. In privaten Haushalten ist das Wirtschaften heute komplizierter geworden; viele Geschäfte werden bargeldlos erledigt, was zum einen sehr bequem ist, andererseits aber einen

Verlust des unmittelbaren Erlebens mit sich bringt: Die Gefahr, das verfügbare Haushaltsbudget aus den Augen zu verlieren, ist groß. Der Umgang mit unsichtbarem Geld verdrängt den direkt erfahrenen Kaufakt, in dem Waren und Münzen ausgetauscht werden. Diese Veränderungen stellen hohe Anforderungen an Erwachsene, aber auch Kinder und Jugendliche sehen sich einer komplizierten Finanzwelt gegenüber. Sie verfügen einerseits über beachtliche Geldsummen, andererseits stellt ihr Einfluss auf die Konsumgüternachfrage ihrer Eltern einen bedeutsamen Wirtschaftsfaktor dar. Kinder und Jugendliche sind zu einer heiß umworbenen Zielgruppe offensiver Werbestrategien geworden, was eine zunehmende Kommerzialisierung ihrer Lebenswelten nach sich zieht. Das Marketing macht sich dabei die Spontaneität, Unvoreingenommenheit, Risikobereitschaft und Offenheit von Kindern und Jugendlichen zunutze, um Absatzziele zu erreichen. Noch dazu ist der Konsum für Kinder und Jugendliche heute ein wichtiges Mittel zur Identitätsfindung – ihrem Umgang mit Geld kommt deshalb entscheidende Bedeutung zu. Ihre wirtschaftliche Unerfahrenheit trägt dazu bei, dass sie durch ihr offenes und häufig auch unreflektiertes Verhalten in Gefahr geraten, sich zu verschulden – lange bevor sie über ihr erstes, eigenes, selbstverdientes Geld verfügen. Kinder wachsen in Deutschland auf einem hohen Wohlstandsniveau heran. Andererseits sind viele Heranwachsende schon mit den Folgen von Arbeitslosigkeit, Sozialabbau und völlig unzureichendem Familienlastenausgleich konfrontiert. Für die Zukunft ist damit zu rechnen, dass die Nettorealeinkommen stagnieren, wenn nicht sogar sinken. Gleichzeitig wird die Raffinesse und das Ausmaß der Werbestrategien wachsen – auch weil der Zugewinn an Freizeit konsumintensive Freizeitmärkte wachsen lässt. Die Fähigkeiten im Umgang mit Geld und die Kompetenzen in der Welt des Konsums gewinnen auf diesem Hintergrund für Heranwachsende eine besondere Brisanz.

Wie der stete Strom an Geld und materiellen Zuwendungen, die von Eltern im Allgemeinen bedingungslos und in steiger-

barer Höhe gewährt werden, dazu beitragen kann, diesen Lern-
prozess zu fördern, hängt vom Einzelfall ab. Die meisten Eltern
wollen das Planen und Geldeinteilen bei ihren Kindern fördern.
Gibt es einen Weg, dieses fast unmögliche Unterfangen in An-
griff zu nehmen? Das Taschengeld ist Spielgeld – es führt zu
Konsumteilhabe, ohne wirkliche Verantwortung zuzugeste-
hen. Der Vorschlag führt über das Taschengeld, mit dem sie
sich natürlich nur Überflüssiges kaufen, weil ihre Eltern für
das Notwendige sorgen zum Kindergeld. Manche Eltern zahlen
ihren größer gewordenen Kindern das Kindergeld aus und machen damit gute Erfahrungen.

Kindergeld in Kinderhand

Wenn Kinder ernsthaft lernen sollen, selbständig und verantwortlich zu wirtschaften, muss die Höhe ihres monatliches
Geldbetrages nämlich zwei wichtige Sachverhalte berücksich-
tigen: Was soll davon bestritten werden? Wieviel lässt das Familienbudget zu? Eltern können ihren Teenagern zumuten,
ihre Ausgaben selbst zu bestimmen – vom Schulbedarf, Kino-
karten oder Tickets für Popkonzerte, Ausgaben für Sport,
Schminke und Schickimicki bis zu Kleidungswünschen. Zu-
satzausgaben für funkelnde Labels müssen dann irgendwie er-
wirtschaftet werden. Nach dem 13. Geburtstag dauert es nicht
mehr lange, bis sie voll geschäftsfähig sind, höchste Zeit also,
dass sie erfahren, was das Leben kostet. Heranwachsende müssen Erfahrungen machen, die ihnen Maßstäbe vermitteln, wie
sie im Überangebot der Warenwelt entscheiden. Und Eltern
können auf die Erfahrung, vor den überzogenen Ansprüchen
des Nachwuchses finanziell in die Knie zu gehen, verzichten.
Sie legen den Etat offen und nehmen ihre jüngeren Geschäfts-
partner am Familientisch als Gesprächspartner ernst: Was geht
vom Einkommen an festen Beträgen ab – was bleibt übrig,

nachdem Miete, Strom, Telefon und Lebensmittel bezahlt, Raten getilgt, Versicherungsbeiträge abgezogen sind? Wieviel Rücklagen braucht die Familie für die Ferienreise, die Waschmaschine oder das Auto, das demnächst kaputtgehen kann?

Selbständigkeit und Eigensteuerung sind zu recht erklärte Erziehungsideale. Eine stärkere Beteiligung der jungen Generation bietet sich an. Wenn Kinder heute früher Jugendliche und Jugendliche früher Erwachsene werden als noch eine Generation zuvor, dann müssen ihnen die entsprechenden gesellschaftlichen Gestaltungsfelder – und dazu gehört auch die wirtschaftliche Bewegungsfreiheit im Konsumbereich –, zugleich aber auch die Verantwortungsräume dafür zugestanden werden.

Ackern für den Lifestyle

„Mit 55 Mark im Monat komme ich noch nicht einmal an den Wochenenden aus. Ich möchte auch nicht auf irgendwas verzichten, zum Beispiel ins Kino oder in die Disco gehen", sagt die 16-jährige Jenny. Sie wolle die Zeit, in der sie jung ist, doch ausnutzen, betont sie. Dafür legt sie an drei Nachmittagen in der Woche für vier Stunden bei C & A Klamotten zusammen. Macht 150 Mark zusätzlich. Außerdem geht sie ab und zu für Oma einkaufen, die steckt ihr hinterher jedesmal einen kleinen Schein zu – „fürs Sparschwein", sagt sie. Für die 16-Jährige kommt das Leben richtig teuer. Klamotten, Stylingutensilien und bald auch Fahrstunden, ein paar schicke Sächelchen zwischendurch – „ohne Nebenjob geht das gar nicht", sagt Jenny. Die allermeisten arbeitenden Jugendlichen wollen sich einen Lebensstil erhalten, den sie mit ihrem monatlichen Taschengeld nicht finanzieren können. Durch diese Arbeit entsteht für einen Teil der jugendlichen zusätzlicher Stress, was zu Besorgnis erregenden Konsequenzen führen kann. Die Wochenarbeitszeit einschließlich der Hobbys ähnelt nicht selten der eines Top-Managers. Die enorme physische und psychische Belastung birgt aktuelle und spätere gesundheitliche Gefährdungen, heißt es in einer Studie des Nordrhein-Westfälischen Arbeitsministeriums über Kinderarbeit in Europa. 40 Prozent der 14- bis 17-Jährigen arbeiten regelmäßig nach dem Unterricht. Arbeitsunfälle seien keineswegs selten. Die Jugendlichen verletzen sich häufig, jeder Fünfte fühlt sich nervlich überfordert, jeder Dritte klagt über Kopf- und Rückenschmerzen. Diese Belastungen werden von den Jugendlichen selbst jedoch ignoriert, denn Geld zu haben und jederzeit ausgeben zu können, das wollen sie sich unbedingt erhalten.

Dass die Kinder den Wert des Geldes schätzen lernen, gilt ihren Eltern gemeinhin als wichtiges Erziehungsziel. Der Job nebenbei ist eine gute Möglichkeit für Kinder und Jugendliche, den Wert des Geldes kennen zu lernen, indem sie erfahren, wie lange sie für einen bestimmten Betrag arbeiten müssen. Von den Heranwachsenden, die Tatjana Rosendorfer für ihre Studie „Kinder und Geld" befragte, geht ein Viertel regelmäßig oder ab und zu einem Aushilfs- oder Ferienjob nach. Gut die Hälfte der 16- bis 17-Jährigen jobbt neben der Schule oder Lehre, bei den 13- bis 15-Jährigen liegt der Anteil mit einem knappen Drittel etwas niedriger. Sogar jeder zehnte 12- bis 13-Jährige verdient sich neben der Schule auf diese Weise etwas Geld. Wie stehen die Eltern zur Arbeit der Kinder? Insgesamt ein Drittel gab an, ihr Kind dazu ermuntert oder sogar aufgefordert zu haben. Besonders älteren Kindern schlugen die Eltern diese Möglichkeit vor. Erstaunlicherweise gilt dies auch für einen Teil der Eltern von Kindern zwischen zehn und 13 Jahren, die ja noch gar nicht arbeiten dürfen. Die Hälfte der befragten Eltern hält sich allerdings heraus und überlässt es völlig ihrem Kind, ob es arbeiten geht oder nicht. Knapp zehn Prozent der Eltern sind ganz und gar dagegen, dass ihr Kind jobbt. Doch die befragten Eltern verbinden mit dem Jobben ihrer Kinder kaum erzieherische Ambitionen. Ihre Antworten sind unabhängig davon, wie sie das Erziehungsziel „den Wert des Geldes schätzen" beurteilen. Auch ihre eigenen Einstellungen zum Geld und die tatsächliche wirtschaftliche Situation der Familie spielen keine Rolle, diese Aspekte kommen erst zum Tragen bei der Frage, ob Kinder, die ein eigenes Einkommen haben, zu Hause etwas abgeben müssen. Das Geld der Kinder scheint unantastbar: Zwei Drittel verneinten, ein Drittel gibt an, dass die Kinder aus erzieherischen Gründen einen Teil ihres Einkommens abgeben sollen. Nur ganz wenige Familien mit sehr geringem Einkommen antworten, dass sie den Beitrag der Kinder gut gebrauchen können.

Wieviel Geld Kinder haben

High Tech im Kinderzimmer, die Sparschweine voll und auch die Börse prall gefüllt: Kinder haben viel Geld und immer mehr von dem, was für Geld zu haben ist. Für die Wirtschaft waren sie noch so wertvoll wie heute. Das Geld in Kinderhand hat heute Rekordhöhe erreicht. 19,15 Milliarden Mark konnten die Kinder zwischen sechs und 17 Jahren im vergangenen Jahr ausgeben, so viel wie niemals zuvor. Als sich 1993 die erste gesamtdeutsche Markt- und Mediastudie über junge Zielgruppen (Kinder-Verbraucher-Analyse 1993) ans Geldzählen machte und die Einnahmen der Jüngsten hochrechnete, ergaben sich unter dem Strich erst 11,5 Milliarden Mark an „potentiell verfügbarer Liquidität", – eine stattliche Summe, die ihre jungen und jüngsten Besitzer zu „Schlüsselgruppen gegenwärtigen Konsums" mache. Die Kids-Verbraucher-Analyse 1999 geht nach einer Faustformel aus den USA davon aus, dass Kinder und Jugendliche eine doppelt so hohe Summe beeinflussen, wie sie selbst ausgeben. Das würde bedeuten, dass sie hochgerechnet über Ausgaben in Höhe von etwa 36 Milliarden Mark mitentscheiden.

Von ihrer generellen wirtschaftlichen Potenz aus beurteilt, seien Kinder anfänglich sicher weniger attraktiv, betonen die

Autoren, doch: „Ihre finanzielle Lage bessert sich von Jahr zu Jahr." Auf den ersten Blick erscheine die Macht der Kinder in der Welt des Konsum paradox: Es gebe immer weniger Kinder in Deutschland und damit verliere der Markt auch an potentiellen Verbrauchern. Umfasste die Altersgruppe der 6- bis 13-Jährigen zu Beginn der 70er Jahre noch über zehn Millionen Kinder und Jugendliche, sank deren Zahl 1993 rapide auf knapp sieben Millionen; im Jahr 2000 bleibt die Gesamtzahl der 6- bis 17-Jährigen knapp unter der 10-Millionen-Grenze. Zugleich aber werde jedes noch vorhandene Kind mit jedem Jahr ein potenterer Konsument, dessen Verhalten von morgen bereits heute geprägt werde. Das Marketing habe sich darauf einzustellen, dass ohne frühe Einflussnahme auf Kinder und Jugendliche die Zukunft für die Marken zunehmend schwieriger werde.

Die demografische Entwicklung verschärft den Wettbewerb: „Die Kaufkraft pro Kinderkopf wird in den kommenden Jahren noch weiter steigen", sagen die Autoren voraus und rechnen mit sinkenden Verbraucherzahlen in dieser Altersgruppe bis zum Jahr 2010 auf 5,8 Millionen Kinder zwischen 6 und 14 Jahren. Das entspricht „einer Potentialreduzierung um fast 20 Prozent", und das ist die gute Nachricht für das werbliche Engagement: „bei allerdings wachsender finanzieller Ausstattung".

Die Daten der sieben weiteren Kinder-Verbraucher-Analysen, die seither von den Trägerverlagsgruppen Bauer, Lübbe und Axel Springer veröffentlicht wurden, bestätigen die Annahmen der ersten Pilotstudie von 1993. Die Skippies (School Kids with Income and Purchasing Power) wachsen zur konsumfreudigsten Bevölkerungsgruppe heran. Jugendliche zwischen 14 und 29 legen deutlich häufiger als die übrige Bevölkerung „Wert auf modische Freizeitkleidung" (63 % im Vergleich zu 41 %). Mehr als jeder zweite Jugendliche gibt unbefangen zu, in seiner Freizeit öfter „zu viel Geld auszugeben" (56 % verglichen mit 31 %). Jeder Fünfte konsumiert nach dem Grundsatz: „Ich muss immer mehr haben" (22 %).

Die Kaufkraft der knapp zehn Millionen deutschen Schulkinder mit eigenem Geld und Durchsetzungskraft steigt ständig und stetig – im festen wie im flüssigen. Auf den Sparbüchern, über die 81,2 Prozent verfügen, steht im Mittel ein Betrag von 1075 Mark, so die Kinder-Verbraucher-Analyse 2000. Sie können im Durchschnitt 52 Mark im Monat ausgeben, die sich aus Taschengeld, Geldgeschenken und möglichen Einnahmen aus Jobs zusammensetzen. Einen Fünfzigmarkschein im Monat – das geht ja noch? Der Durchschnittswert verbirgt große Unterschiede: Gut jeder Fünfte bekommt zwischen 60 und 150 Mark im Monat und mehr, viele der Eltern der befragten Grundschüler richten sich nach der Faustregel 1 Mark pro Woche und Schuljahr. Vier Fünftel bekommen auch zum Geburtstag Bargeld – im Schnitt 118 Mark. Etwas geringer ist der Anteil der Befragten, die auch zu Weihnachten mit knisternden Scheinen rechnen dürfen. Drei Viertel der Kinder und Jugendlichen werden mit 127 Mark beschenkt, das sind acht Prozent mehr als noch im Vorjahr. Das Taschengeld wird durchweg aus erzieherischen Gründen gewährt; Kinder sollen den Umgang mit Geld lernen. Deshalb dürfen 70 Prozent der Kinder und Jugendlichen zwischen sechs und 17 ihr Taschengeld nach eigenem Gutdünken ausgeben. Größere Anschaffungen, die über 100 Mark kosten, dürfen bis zum 13. Geburtstag nicht ohne die Eltern gemacht werden. Zwischen 14 und 17 jedoch darf jeder zweite selbst über die Ausgaben in dieser Höhe entscheiden.

Was Kinder sonst noch so besitzen

Mit technischen Gerätschaften ist der Nachwuchs gut ausgestattet. „Immer Jüngere besitzen oder wünschen sich ganz selbstbewusst Dinge, von denen die Älteren früher nicht zu träumen wagten", fasst Ingeborg Glas, Marktforscherin in der

Verlagsgruppe Bauer, den aktuellen Stand des Konsumbarometers zusammen. Im Zeitraum von 1995 bis 2000 haben die Besitzstände der Kinder und Jugendlichen rasch zugelegt. Besonders hochwertige elektronische Geräte nennen immer mehr Kinder ihr eigen. Beim eigenen Fernsehgerät stieg die Zahl der Besitzer in der mittleren Altersgruppe der zehn- bis 13-Jährigen von 30 auf 38 Prozent, die Mädchen zwischen 14 und 17 Jahren haben sich mittlerweile den Jungen angenähert: 1995 besaß jede zweite einen eigenen Fernseher, 2000 schon zwei Drittel. Die Zahl der 6- bis 9-Jährigen, die mit einem eigenen CD-Player ausgestattet sind, hat sich in fünf Jahren auf 15 Prozent verdreifacht.

Zwei von dreien tragen Adidas (64,2 %) und wenn nicht das, dann Nike (33,9 %). Mit Lego-Produkten sind ihre Kinderzimmer großflächig bestückt (insgesamt 67,7 %). Auf den Schulaccessoires prangt bei jedem zweiten UHU oder Pelikan, transportiert wird das alles in Ranzen, Taschen Rucksäcken, auf denen 4 You (20,1 %), seltener Eastpak (15,8 %) und nur ganz selten (7,2 %) sonstige Marken funkeln.

Nur der Wunsch nach einem Handy ist noch größer als der Besitz. Hielten noch 1999 lediglich zwei Prozent den Erwerb eines Mobiltelefons für nötig, waren es ein Jahr später bereits sieben Prozent. Die Zahl der Wünsche schoss im gleichen Zeitraum von 20 auf 34 Prozent. Handys besitzen vor allem die Jungen und Mädchen ab 14 Jahren, doch schon die sechs- bis neunjährigen Kinder sind mit einem Prozent am Besitzstand beteiligt. Das Markenbewusstsein ist mit 40 Prozent stark ausgeprägt – rund zehn Prozent der Kinder und Jugendlichen würden am liebsten ein Nokia-Handy kaufen, nur zwischen zwei und drei Prozent wären auch mit einem Modell von Siemens, Motorola und Sony zufrieden.

69 Prozent der Befragten zwischen 6 und 17 Jahren kennt das Internet, doch nur 32 Prozent von ihnen sind echte User. Vor allem die Jungen zwischen 14 und 17 Jahren sind vom Surfen fasziniert, sie nutzen das Internet aber auch, um Informationen

für Schule und Freizeit zu sammeln (74 %). Jeder zweite schreibt E-Mails. Noch ist ein eigener Zugang zum Internet eher die Ausnahme (7,1 %), doch dreimal so viele Kinder und Jugendliche wären gerne endlich online.

Und wofür sie ihr Geld ausgeben

Sweets for the sweet: Duplo ist der Renner, aber auch bei Tafelschokolade, Bonbons und Gummibärchen greifen Kinder gerne zu – und zwar mit vollen Händen: Mehr als jedes zweite Kind gibt sein Taschengeld für Süßigkeiten aus.

Die bemerkenswerte Krisenresistenz der Süßwarenindustrie verdankt sich zu einem großen Teil dem steten Strom von kleinen Münzen, der einen Großteil der sechs Milliarden Mark Taschengeld ausmacht, über die Kinder zwischen sechs und fünfzehn Jahren verfügen. Beim Knuspern und Knabbern wird nicht geknausert: Umsatzzuwächse allenthalben von Weingummi bis Müsliriegel, Süßgebäck und Snacks, boomende Märkte für Kinderprodukte wie beispielsweise Überraschungseier künden von der ungebrochenen Lust auf Süßes. Auch Produkte für den kleinen Hunger zwischendurch gewinnen an Stellenwert im Etat – rund 10,6 Prozent des Taschengeldes wird für Speisen und Fast Food ausgegeben. Doch auch für Comichefte, Kinder- und Jugendzeitschriften, später dann CDs und Outfit geben Kinder immer mehr Geld aus. Spielzeug und Sportartikel erstehen 15 Prozent von ihrem Taschengeld. Bücher landen weit abgeschlagen auf dem letzten Platz; nur 2,4 Prozent der Befragten geben ihr Taschengeld für gebundene Lektüre aus.

Aber sie sparen auch: beinahe jeder fünfte sogar alles, und zwei Drittel halten einen Teil des Taschengeldes zurück. Die meisten Kinder und Jugendlichen sparen auf ein Fahrrad, Mofa und später dann ein Auto. Mobilität ist angesagt, dicht gefolgt vom Sparziel Computer und Elektronikspiele (3 %). Und nicht wenige der befragten Kinder und Jugendlichen sparen aus Prinzip: 28,9 Prozent gab an, kein konkretes Sparziel zu haben.

Der Konsummarkt: Vorspiel des Erwachsenseins

Das richtige Outfit, die trendigen Accessoires und das modische Zubehör kostet nicht nur viel Geld, sondern auch viel Zeit. Shoppen zählt zu den bevorzugten Freizeitbeschäftigungen der Teenager. Nicht nur an Samstagvormittagen wälzt sich der Strom der Kauflustigen durch die Einkaufszonen. Rund neun Stunden in der Woche verbringen Jugendliche beim Einkaufsbummel. Denn nicht erst die ultracoolen Kickboards und Sweatshirts selbst sorgen für das Hochgefühl, sondern schon die Beschaffung verspricht ein besonderes Erlebnis: In den Geschäften, Fußgängerzonen und Flagshipstores sagt einem keine Mutter, kein Vater, kein Lehrer, was erlaubt und was verboten ist, was richtig und was falsch ist. Hier braucht man nur Geld – und alles ist möglich, sofern man genug davon hat. Im Umgang mit Verkäuferinnen, Kellnern und Bankangestellten demonstrieren schon 12-Jährige Unabhängigkeit und fühlen sich erwachsen – so wie Zora, die zum zwölften Geburtstag ein eigenes Girokonto eröffnet bekam, mit einer eigenen Geldkarte für den Bankautomaten. „Ein irres Gefühl", schwärmt sie, „so als wäre man schon erwachsen und würde für voll genommen." Willkommen im Leben.

Bankautomaten versprechen sogar immer kleineren Leuten einen großen Kick. Was wie die folgerichtige Weiterentwicklung des Weltspartages erscheint, an den sich die Eltern der Juniorbanker noch gut erinnern, illustriert die zeitgemäße Verwischung der Grenzen zwischen Kindheit und Erwachsenenleben. Als erstes Geldinstitut in Nordrhein-Westfalen hat die Sparkasse Minden-Lübbecke einen speziellen Geldautomaten, den „Knax-Juniorbanker" für die Kunden von morgen in Betrieb genommen. Dass sich Bankkunden im Grundschulalter mit dem Erinnern an vierstellige Geheimnummern mitunter schwer tun, ist kein Hinderungsgrund. Sie wählen einfach Tiersymbole als persönlichen Zugangscode. Ab sofort können schon Sechsjährige per Chip-Karte Geld einzahlen und sich ihr Taschengeld aus dem Automaten holen – ganz wie die Großen, aber ohne die üblichen Risiken und Nebenwirkungen des Geldverkehrs. Eltern können den höchsten Auszahlungsbetrag pro Woche festlegen, der Automat wird dann entsprechend eingestellt. So behalten sie die Kontrolle über die Geldgeschäfte ihrer Kinder schon ganz automatisch, während die Kinder sich groß fühlen dürfen. Die Baby-Bankautomaten sollen an den verantwortungsvollen Umgang mit Geld heranführen, so pädagogisch-sinnvoll möchte die Bank ihr Pilotprojekt verstanden wissen: Kleine Kinder sollen schon früh die Scheu vor den elektronischen Helfern verlieren. Es sei dahingestellt, ob Kinder diese Scheu tatsächlich haben oder nicht vielmehr Erwachsene sich damit schwer tun, mit dem Bankautomaten per Knopfdruck im Vorraum zu kommunizieren, statt mit dem freundlichen Bankangestellten zu sprechen, während der Nachwuchs schon frohgemut und kenntnisreich auf dem Bankcomputer im Kundenbereich herumdaddelt. Die fürsorgliche Voraussicht lohnt sich für die Banken und Sparkassen allemal: Wer einmal ein Konto bei einer Bank hat, bleibt im Allgemeinen dabei und wird vom Knüller-Taschengeldkonto über den Superspaß mit dem Girokonto für junge Leute zum wieder grundsolide geführten Gehaltskonto bis hin zum Hypothekenstress der mittleren Jahre ein treuer Kunde bleiben. Aber nicht nur dem Erstklässler allein gilt die Kinderkundenpflege: Wenn sich die Idee durchsetzt, werden bald alle Kinder ihre Chip-Karte haben wollen – schon weil man ohne sie völlig out sein wird. Der Sparautomat ist dabei nicht wirklich bedenklich. Das Kinderleben wird dem Erwachsenenleben nur wieder ein Stückchen ähnlicher.

Kinder sind auch deswegen so ansprechbar, weil sie im sozialen Feld des Konsums von klein auf so für voll genommen und wie Erwachsene behandelt werden. Kindheit selbst ist nichts mehr wert, wo Erwachsenen- und Kinderleben sich angeglichen werden. Begriffe wie „kindisch" oder „babyhaft", ja sogar „verspielt" bezeichnen irrationale Verhaltensweisen, die nach gezielten erzieherischen Eingriffen geradezu schreien. Die Abwertung, die größere Kinder kleineren gegenüber an den Tag legen, ist neben einem ganz natürlichen Ausdruck ihres Verlangens zu wachsen und groß zu werden auch ein Spiegelbild für die Abwertung des Kindlichen in einer typischen Sozialisation, in der Kinder so rasch wie möglich alles lernen und wissen sollen, nach Kräften gefördert und gebildet werden müssen. Dass diese freundliche Beflissenheit und die penible Ausforschung ihrer Abneigungen und Vorlieben, das ausgeklügelte Entgegenkommen nicht ihnen als Mensch mit all seinen Möglichkeiten gilt, sondern ihrem Geldbeutel und noch mehr ihrem weit darüber hinausgehenden Einfluss auf die Kaufentscheidungen der Familie gewidmet ist, können Kinder kaum durchschauen, die sich zuallererst als Umworbene fühlen dürfen. Aber die Eltern können es wissen. Ihnen fällt die Aufgabe zu, im Überfluss der Stilisierungsangebote Übersicht zu vermitteln. Konsumkritische Vorwürfe an die Werbeindustrie mit vielfältigen Belegen für Verblendung, Manipulation und Irreführung sind allerdings ziemlich out. Sie muten heute geradezu lächerlich an: weil sie belegen, was ohnehin jeder weiß, aber keinen mehr empört. Aber deswegen sind sie noch nicht falsch.

Ganz wie die Großen

Hinter dem Wunsch ernst genommen zu werden, verbergen sich viele lebenswichtige Bedürfnisse nach Zuwendung, Anerkennung, Zugehörigkeit, Abwechslung, Spaß und Teilhabe. Deshalb rennt das Beziehungsmarketing („Wir gehören zur Familie"), das Versprechen der Coffeinbrause („Hol sie dir" – dann gehörst du dazu) und die Bereitschaft, ernst genommen zu werden wie ein Erwachsener, offene Türen ein. Das Angebot, über Konsumzubehör Persönlichkeit zu demonstrieren, sich nach außen zu orientieren und über das outfit zu stilisieren, ist überwältigend und überwältigt Kinder ja auch nicht selten.

Markenbewusstsein ist bei Kindern durchweg stärker ausgeprägt als bei Erwachsenen, aber auch die Accessoires der Erwachsenenwelt haben magische Anziehung. Der Handykult von Heranwachsenden ist für diesen besonderen Neigungswinkel ihrer Konsumbeflissenheit geradezu beispielhaft. Der Kult hat weniger technische als psychologische Ursachen: Das Gerät ist ein sichtbares und hörbares Statussymbol, häufige Anrufe sind Zeichen für Beliebtheit. Die SMS auf dem Handy erleichtert schüchternen Jugendlichen die Kontaktaufnahme, das Telefonieren vertreibt Einsamkeit und Langeweile und verschafft einen beträchtlichen Statusgewinn – ganz ähnlich wie das Rauchen als statusgebende, jugendspezifische Konsumform. Dass mit der Nutzung von Mobiltelefonen ein Rückgang des Zigarettenrauchens von Jugendlichen einhergehe, belegt eine Untersuchung der Universität Manchester aus dem vergangenen Herbst: „Das Handy steht in einem wirklichen Wettbewerb mit den Zigaretten im Markt der Produkte, die Teenagern einen Erwachsenenstil, Individualität, Gesellschaftsfähigkeit, Rebellion gegen Regeln und die Wertschätzung der Gleichaltrigengruppe versprechen", heißt es im Fazit der beiden Forscher Anne Charlton und Clive Bates.

Um hinter dem, was Kinder sich wünschen, erkennen zu können, was sie brauchen, braucht es den zweiten Blick. Im verständnislosen Kopfschütteln angesichts ihrer Stilisierungsvorlieben würden sie sich nur als Person abgelehnt fühlen. Ihr Verhalten als hirnrissig oder unvernünftig zu brandmarken, vermittelt ihnen nur, dass ihre Person abgelehnt wird. Kinder brauchen das Gegenteil: die Sicherheit, dass ihre Eltern sie bedingungslos annehmen und ernst nehmen – und dazu gehört, hinter ihrem Verhalten auch die grundlegenden Bedürfnisse wahrzunehmen, die sich hinter den vielen Wünschen verbergen. Die prätentiöse Geste des Ernstnehmens, in der sich die Anbieter von Produkten gefallen, stößt auf ein vitales Bedürfnis: Kinder brauchen die Sicherheit, angenommen zu sein und als gleichwertige Menschen für voll genommen zu werden. Wachsen, groß werden und erwachsen sein, das wollen sie von ganz alleine und von Anfang an – das wütende „kann ich alleine" des Dreijährigen und das eigensinnige Beharren des Siebenjährigen, der sich nicht vorschreiben lassen will, mit wem er spielt, sind genauso beredte Zeugnisse des Bedürfnisses nach Selbständigkeit wie die Sturheit des 16-Jährigen, der sich nicht an die abendlichen Heimkehrzeiten hält. Für ihren Drang, selbständig und unabhängig zu werden, brauchen Kinder und Jugendliche Freiraum, um sich auszuprobieren. Wie sonst könnten sie etwas über ihre Fähigkeiten und Grenzen herausfinden? Eltern sind dabei ungeheuer wichtig: als Tröster, Ratgeber und Assistenten. Doch wenn sie den Kindern dabei zu viel abnehmen, bereiten sie den Weg zur Unselbständigkeit und zum hilflosen Konsumenten. Ein Kind, dem die Erfahrung von Wachsen und Selbständigerwerden fehlt, das nicht weiß, wie sich inneres Selbstvertrauen, echte Anerkennung und die bedingungslose Achtung seiner Persönlichkeit anfühlt, wird anfälliger werden für Stilisierungsangebote von außen, die den gewünschten Status, eben erwachsen zu sein und für voll genommen zu werden, suggerieren. Und daran herrscht wirklich kein Mangel.

Wachstumsmärkte

Kindern wird in einer stark individualisierten Gesellschaft wie
unserer ein hohes Maß an Eigenständigkeit, Selbständigkeit
und Unabhängigkeit eingeräumt. Das Ideal einer selbständigen
und eigenen Persönlichkeit der Kinder genießt allerhöchste
Wertschätzung bei Eltern, Erziehern, aber auch ganz anderwei-
tig am Kind interessierten Kreisen. Die Kehrseite des Individualitätsanspruches ist die verstärkte Erwartung der Kinder,
von Erwachsenen berücksichtigt und wahrgenommen zu werden, im Mittelpunkt zu stehen und auf die sofortige Befriedigung ihrer Bedürfnisse einen Anspruch zu haben. Damit verbunden ist die Unfähigkeit vieler Kinder, je nach Situation und
Gegebenheit auch einmal zurückzustehen und auf eigene Ansprüche vorübergehend zu verzichten – eine eigentümliche
Spannung, in der viele Kaufimpulse gedeihen. Marktstrategen
werden nicht müde, die marktgängigen Eigenheiten schon al-
lerkleinster Konsumenten herauszustreichen. Über die „Top-
Zielgruppe mit Marktmacht" gibt das Monheimer Institutes
für Marktforschung den werbetreibenden Kunden zu bedenken:
„Wer auf dem Kindermarkt Erfolg haben möchte, der muss die
Sprache der Kinder sprechen, die richtige Tonalität treffen, ohne
dabei aber aufgesetzt und anbiedernd zu wirken. Hier haben
Kinder ein sehr feines Gefühl dafür, wer sie wirklich ernst
nimmt oder wer ihnen nur etwas verkaufen möchte. Neben der
richtigen Ansprache gilt es aber auch zu wissen, dass Kinder
mit ihrer Detailverliebtheit, ihrem sehr bildhaften Verständnis
und ihren eigenen Ordnungsvorstellungen die Welt ganz anders
wahrnehmen, als wir Erwachsene dies tun. Sie wollen wie wir
Individualisten sein, die auch bei Konsumartikeln etwas Besonderes haben und besitzen möchten." Die Zielgruppe ver-
ändere sich rasant, was sie für den Forscher gleichermaßen
schwierig und herausfordernd gestalte: „Was ein Achtjähriger
noch toll findet, kann für einen 10-Jährigen total kindisch sein.
Ein 9-Jähriger von heute ist in seinen Interessen und Ansprü-

chen schon wieder ein ganzes Stück weiter als ein 9-Jähriger vor fünf Jahren." Die Tendenz ist unübersehbar – Altersgrenzen verlagern sich unweigerlich nach vorne. Fragt man 14-Jährige, ob sie lieber noch 12 oder lieber schon 16 Jahre alt wären, die allermeisten wären lieber 16 Jahre alt: weil ihnen dann mehr Anerkennung und Freiheit winkt.

Die Wirkung der Werbung in diesem Spannungsfeld wird weithin unterschätzt. Denn sie verkörpert und stimuliert ein Verhalten und Denken, das über Versatzstücke aus dem Konsumarsenal Anhaltspunkte für Zuschreibungen sozialer Art und Hierarchisierungen über Konsum verschafft. Wenn in einem Spot ein 25-Jähriger auftritt, fühlten sich schon 15-Jährige angesprochen. Die Dynamik der Gleichaltrigengruppe im Verein mit elterlichem Nachgeben auf den Druck, Gegenstände anzuschaffen, tut ein Übriges: Handys sind unter Sechstklässlern heiß begehrt. Doch Karten-Handys gelten als mega-out, seit besorgte Eltern aus Furcht vor astronomischen Rechnungen das pre-paid-Modell bevorzugen. „In unserer Klasse sind die mit Vertrags-Handy die Heroes", erklärt der 12-jährige Dennis die diffizile Sachlage.

Das wissen auch die Hersteller. Die so genannte epochale Akzeleration bewirkt eine zunehmende Distanz vom Kindhaften, man sieht sich bereits als Erwachsener, wenn man Produkte für Erwachsene benutzt: Deshalb waren nahezu alle Versuche der kosmetischen Industrie, spezielle Jugendserien einzuführen und durchzusetzen, von wenig Erfolg begleitet. Lippenstift und Nagellack stehen für Accessoires, an denen man erwachsene Frauen erkennt – daneben verblasst der Reiz von Faschingsschminke und Kinderkosmetik. „Gruppenzwänge und Akzeleration lassen es geraten erscheinen, Produkte etwas ‚älter' zu positionieren," fasst die KVA 1993 zusammen: „Die Gefahr, dass etwas als babyhaft abgelehnt wird, ist groß." Doch auf die Zielgruppe ist Verlass, sofern man mit ihren Eigenheiten vertraut ist: „Bereits Schulanfänger besitzen ein ausgeprägtes Qualitätsbewusstsein und lernen den Zusammenhang zwischen Preis und Produktqualität" – beispielsweise in Sachen Brotaufstrich, wo sich Naschkatzen als unbestechliche Warentester gebärden dürfen: „Viele Eltern kaufen nur einmal die falsche Nuss/Nougat-Creme und besorgen beim nächsten Mal schon das Richtige, wenn sich die Kinder weigern, das falsche Produkt zu sich zu nehmen." Die Frage, ob sich hier kritische Konsumkompetenz Gehör verschafft oder die werblichen Botschaften der Firma Ferrero einen vollen Erfolg verbuchen können, mag sich jeder selbst beantworten.

Die Auswirkungen einer Erziehung, die den Kindern immer mehr Freiräume zur Selbstbestimmung zugesteht, ohne sie gleichzeitig bei der Aneignung und Verarbeitung dieser konsumgeprägten Lebenswelt so zu unterstützen, dass sie eine wirkliche Wahl haben, ihre Unverwechselbarkeit und Reife nach außen zu tragen, können Werbung und Handel nur begrüßen. Besonders wenn der Individualitätsanspruch, das legitime Streben nach einer unverwechselbaren und bemerkenswerten Persönlichkeit, (nur noch) als die Wahl zwischen verschiedenen Labels auf den Produkten des täglichen Bedarfs daherkommt, können sich Werbestrategen und Marktforscher in Sicherheit wiegen. „Heranwachsende haben immer mehr Möglichkeiten, individuelle Vorstellungen zu entwickeln, individuelle Stile herauszubilden und diese auch zu verwirklichen", so die Monheimer Studie. Und wer Möglichkeiten sagt, meint Geld – ihr eigenes, das die Kinder heute schon ausgeben genauso wie das Geld der Eltern, über dessen Ausgabe sie mitentscheiden und das Geld, das sie später, wenn sie selbst verdienen, ausgeben werden –, ein wahrer Ausbund an Kaufkraft, den sich ganz genau im Auge zu behalten lohnt. Als Dreingabe darf sich jeder Dreikäsehoch auch heute schon als umworbener Kunde fühlen. „Kinder gehen heute auch viel selbstbewusster und selbstbestimmter mit dem Konsumangebot und auch mit der Werbung um. Kein Wunder, werden sie doch tagtäglich mit Produkten und Marken konfrontiert, sei es durch die Werbung oder aber auch in Geschäften, in der Schule oder im Freundeskreis. So ist es nicht verwunderlich, dass Kinder eine sehr anspruchsvolle Zielgruppe sind, wobei sich das Anspruchsniveau nach wie vor auf dem steigenden Ast befindet."

Die schillernden Gegenstände aus der bunten Warenwelt, die so willfährig Aufgaben im Gefühlshaushalt übernehmen, erlauben uns, dass wir uns selbständig, erfolgreich, geliebt und mächtig fühlen. Das soziale Überleben in einer dynamische Hierarchie von Statusgruppen, in denen jeder Einzelne den Aufstieg will und den Abstieg fürchtet, hat das physische Überleben gewissermaßen ersetzt, aber mit der Unausweichlichkeit von Naturereignissen Konsumstandards gesetzt, die so fest und starr sind, dass sie auch bei sinkenden Einkommen beibehalten werden. Auch mit weniger Vermögen halten wir daran fest, dass dies und jenes eben sein muss. Diese Konsumstandards entfalten einen ungeheuren Sog, weil sie das abwerfen, was Soziologen Distinktionsgewinne nennen: Jedes Absinken wird als Verlust sozialer Wertschätzung empfunden und kann erhebliche Selbstwertkrisen auslösen. Kinder und Heranwachsende sind in diese Spannung miteinbezogen, allerdings mit einem etwas anderen Akzent, der die besonderen Herausforderungen ihres Lebensalters widerspiegelt. Wer dies oder jenes hat oder tut, zeigt Persönlichkeit und gehört zu den Erwachsenen, der andere nicht. Wie die Großen – das Motto, mit dem sich Miniatur-Bügeleisen verkaufen lassen, wird unversehens zum Verkaufsargument für alles Mögliche.

Der Übergang vom Kindsein zum Erwachsenenstatus, die große Aufgabe des Erwachsenwerdens, für die viele Kulturen verbindliche Zeremonien und fest gefügte Abfolgen kannten, erscheint im Licht der Konsumgesellschaft zu einer Frage des richtigen Zubehörs geschrumpft. Aufeinander aufbauende Stufen, die für die Eltern der Konsumkinder von heute noch stärker aufeinander folgten, wie der Gewinn ökonomischer Selbständigkeit, Auszug aus dem Elternhaus oder erste sexuelle Erfahrungen, sind heute voneinander abgekoppelt. Als einzelne Element stehen sie für vielfältige und individuell höchst unterschiedliche Herausforderungen, die, aus ihrem Entwicklungszusammenhang gelöst, mit neuer Bedeutung aufgeladen sind. In Ermangelung unterstützender, geführter Rituale entwickeln Jugendliche in ihren Gruppen Ersatzrituale: Mutproben, leistungsbezogene Saufzeremonien, manchmal geheimnisumwitterte erste Drogenerfahrungen, und viel häufiger als man wahrhaben will, nutzen sie den Konsum in all seinen Facetten als Vehikel ihrer Entwicklungsaufgabe – ob sie sich um die Wette anziehen, mobil telefonieren, ausgefeilte Schminktechniken vervollkommnen oder selbstbewusst per E-Mail kommunizieren. Das Konsumverhalten funktioniert als Kulturersatz, wo Traditionen nicht mehr leiten – nicht nur bei Kindern, sondern genauso bei Erwachsenen. In diesem neuen Freiraum bietet die Freizeitgestaltung, wo Kinder nicht selten eine technische und soziale Kompetenz entwickeln, die mühelos die ihrer Eltern überholt, eine endlose Parade von Konsumanreizen. Positiv betrachtet, gewährt der Besitz von Gegenständen die Teilhabe der Kinder an Konsum und technologischem Fortschritt. Sie ermöglichen ihnen, ihren Spieltrieb zeitgemäß zu befriedigen und in technischen Gebieten konstruktive Entdeckungen und neue Lernerfahrungen zu machen. Kinder, die ihre Eltern in den Gebrauch des Computers einweisen, sind heute keine Seltenheit mehr. Und das ist ja auch nicht weiter tragisch. Aber wenn auf Kinder, lange bevor sie die Reife erlangt haben, das Werbegetöse nüchtern zu beurteilen, die gesamte Breitseite der Reklame abgeschossen wird und mit hirnrissigen Verheißungen der Kaufakt – so oder so – herbeigeführt wird, gibt das Grund zur Beunruhigung. Dem Händlern von Handys können die Gründe, warum ein Kind ein Handy erwirbt, völlig egal sein, so lange das Kind kauft beziehungsweise den Kauf bewirkt. Die Hersteller sonnen sich in Verantwortungsferne: „Wenn Kinder anfangen, sich um Pokémon zu schlagen oder anderen das Spiel wegnehmen, dann ist das ein Problem der Eltern und der Lehrer und kein Problem der Firma Nintendo", sagt Axel Herr, Marketing-Direktor bei Nintendo Deutschland.

„Die Eltern sollten dafür Sorge tragen, wie lange sich ein Kind am Tag mit Videospielen oder mit Fernsehen beschäftigt. Es kann nicht unsere Aufgabe sein, dass wir uns zurücknehmen", stellt er klar. „Sollten wir vielleicht aufhören, erfolgreich zu sein?"

Wenn Kinder heute schon früh über viel Geld verfügen können, macht ihr Taschengeld sie im zarten Alter zu heiß umworbenen Konsumenten. Alles das führt zu einer psychosozialen Frühreife, der eine ökonomischen Spätreife entgegensteht. Denn der Eintritt in selbständige Erwerbsrollen am Arbeitsmarkt, der eine Generation zuvor noch die Schwelle zum Erwachsenenleben markierte, wird immer weiter hinausgeschoben – ein sozialer Widerspruch zu frühen kulturellen Verselbstständigungen ist längst entstanden. Der Widerspruch in der Lebenssituation der meisten Kinder drückt sich heute auch in Widersprüchen im Erziehungsverhalten der Erwachsenen aus. Einerseits werden heute viel mehr als früher die Grundbedürfnisse von Kindern berücksichtigt und ihre persönlichen Entfaltungspotentiale gesucht und anerkannt. Tausende von Eltern mühen sich um einen Erziehungsstil, der fördert und fordert, aber nicht diszipliniert und reglementiert. Andererseits werden viele Kinder bei der Aneignung und Verarbeitung ihrer Lebenswelt völlig allein gelassen. Sie laufen neben den Erwachsenen her und finden nur wenig Raum, der ihnen gehört und den sie selbst gestalten können. Die Erwachsenen haben längst alle Spielräume besetzt, im privaten wie im öffentlichen Bereich – zu Hause, auf der Straße und im Supermarkt oder Kaufhaus. Kinder werden zu kleinen Erwachsenen, die sich schon im ersten Lebensjahrzehnt dem vollen Ernst des Lebens stellen müssen. Die Unterschiede zwischen Erwachsenen-, Jugend- und Kindheitsstatus verschwimmen allenthalben; die Angleichung der schulischen Lernbedingungen an die Bedingungen der modernen Arbeitswelt ist genauso vollzogen, wie die Angleichung der kindlichen an die jugendlichen und die erwachsenen Freizeitbeschäftigungen unaufhaltsam vorangeht. Nicht anders in der Warenwelt:

Der Griff nach Gegenständen aus dem Konsumarsenal beschwört bei Kindern und Erwachsenen gleichermaßen Außenorientierung und Sozialattributierung, Prestigezuweisung und Gruppenanerkennung herauf und steuert sie gleichzeitig. Die Kluft zwischen den Generationen schwindet immer mehr – am rasantesten und unauffälligsten in der Konsumgesellschaft.

4. Kapitel
Heiß begehrt und stark umworben:
Das Geld umkreist die Kinder

... als eigenständige Käufer von Produkten und Dienstleistungen

Taschengeld, Geldgeschenke, kleine Belohnungen – macht zusammen fast zwanzig Milliarden im Jahr, über die Kinder und Jugendliche in Deutschland frei verfügen können, wenn man das Sparbuch mitzählt. Was sie damit anfangen, ist ihr geringstes Problem. Mit Werbespots, Plakaten, grellen Plastikfiguren, Kunden-Clubs und einer Vielzahl anderer, weniger leicht als Reklame zu erkennenden Werbeformen bombardieren Industrie und Handel kleine Kunden. Anfangs geschieht diese Annäherung noch ebenso umsichtig wie weiträumig: Der Fünf-Mark-Gutschein der örtlichen Sparkasse zur Eröffnung eines Sparkontos für das neu geborene Kind liegt meist schon im Briefkasten, wenn man mit dem kleinen Bündel auf dem Arm nach Hause balanciert; schwer beladen mit Waren- und Windelproben, die im Kreißsaal gereicht wurden, versehen mit herzlichen Glückwünschen von Hipp und Pampers. Danach wird es keineswegs still um den neugeborenen Konsumenten. Noch gilt die werbliche Aufmerksamkeit vornehmlich den Eltern und anderen liebenden Erwachsenen. Bis etwa zum zweiten Geburtstag bildet das Baby seine Bedürfnisse gewissermaßen aus sich selbst heraus. Es ist ihm egal, ob Hipp oder Alete auf seinem Gemüsegläschen stehen, und es schert sich kaum darum, ob auf seinem Kuscheltier das Logo von Steiff oder Sigikid prangt. Mit dem zweiten Lebensjahr ändert sich das. Wenn das Kind sich nach außen zu orientieren beginnt, wird es für die Fingerzeige, Aufforderungen und Einflüsterungen der Werbung zugänglich und will haben, was es sieht. Die Kinder brauchen nur die Augen aufzumachen, und schon werden sie motiviert und informiert, ohne sich im geringsten dafür anstrengen zu müssen. Es dauert nicht lange und schon wollen die Kinder, die nie etwas wirklich entbehrt haben, auch alles gleich haben. Eltern, andere Kinder und die Einflüsse der Werbung, aber auch das Angebot an Gütern und Dienstleistungen selbst beeinflussen das Kind bei der Bewertung bestimmter Gegenstände und formen sein Bedürfnis, Dinge zu erwerben. Alle Angebote sind so ausgerichtet, dass der Eindruck entsteht, sie dienten nur den Interessen der Zielgruppe. Fernsehwerbung, die Wünsche weckt und Kinder auf neue Ideen bringt, vereint mit Supermärkten, in denen sich die Regale biegen und der ganze Berg von Süßigkeiten, der in ihren Augen jeden schäbigen Kiosk zum Schlaraffenland aufwerten, treffen zusammen mit meist willigen, aber selbst im Unwillen meist noch zahlungsbereiten Eltern. Das Kind, der König Kunde, besteigt den Thron. Auf einmal reicht es nicht mehr, ein Fahrrad haben zu wollen. Dann muss es entweder ein klitzekleines Pumuckl-Rad sein oder keines – schon weil der Kumpel vom Spielplatz auch so eines hat. Konsumenten im Kindergartenalter verfügen zwar kaum über eigene Mittel, um sich Wünsche zu erfüllen. Doch sie haben Zugriff auf viel größere Reserven: die Portemonnaies ihrer Eltern. Lange bevor Erstklässler Sonntag für Sonntag ihr blitzendes Einmarkstück kassieren und sich auf diese Weise in die Anfangsgründe künftiger Marktmacht über eigenständiges Geldausgeben einarbeiten, sind die Spuren schon gelegt. Das Taschengeld, sinnfälliges Merkmal eigener Kaufkraft, können die Kinder nach eigenem Gutdünken ausgeben – nicht selten für lauter überflüssiges Zeug, weil die Eltern für das Notwendige sorgen.

Nie wieder im Leben lassen sich Markenbindungen so stabil und verlässlich aufbauen wie in der frühen Kindheit. Entscheidend für die Wahl von bestimmten Produkten, betonen Werbeforscher unter Berufung auf wissenschaftliche Ergebnisse, sind drei Phasen in der menschlichen Lebensentwicklung, in der eine Person hinsichtlich einer großen Zahl von Speisen und Getränken stabile bis sehr stabile Zuneigungen beziehungsweise Abneigungen herausbildet: die frühe Kindheit, das Ende der Jugendzeit, in der die Wahl des eigenen Lebensstils stattfindet und die Zeit nach der Lebensmitte, in der oft sehr feste Gewohnheiten entstehen. Gerade in der frühen Kindheit wird eine Art Grundbild des subjektiv gut Essbaren und des Ungenießbaren festgelegt. Mit dem Geld, das im Laufe der Jahre unweigerlich dazukommt, muss man rechnen – nicht mehr und nicht weniger geschieht, wenn Werbestrategen das Konsumpotential der Kinder ausloten und sogar mit rechtlichen Mitteln durchsetzen. Dem Süßwarenkonzern Ferrero gelang es im November des vergangenen Jahres sogar, sein Monopol auf das Wort „Kinder" gegenüber dem Lörracher Zahnbürstenhersteller GABA durchzusetzen. Der hatte seine Wechselkopf-Zahnbürste „Aronal öko.dent Kinder" genannt, Ferrero sah durch diese Bezeichnung die Unterscheidungskraft und Wertschätzung ihrer im Schokoladenbereich geschützten Wort-/Bildmarke „Kinder" in unlauterer Weise ausgenutzt und beeinträchtigt. Der Streitwert ist beträchtlich: Wenn es um Zahnpasta und Zahnbürste geht, haben genau wie bei Schokoriegeln rund die Hälfte der Kinder entscheidenden Einfluss auf die Markenwahl, wie die KVA 2000 belegt.

Die direkte, indirekte und künftige Wirtschaftsmacht Kind wird in allen Winkeln durchleuchtet. Spezialisten vermessen das Trendpotential der Kleinen, klassifizieren die Sehnsüchte, zerlegen die Lebensgewohnheiten und setzen die kindlichen Merkmale zu aussagekräftigen Statistiken wieder zusammen.

Umworben werden die Konsumkids schon früh, ausdauernd, überall und unübersehbar, weil sie Geld haben, über Geld bestimmen und mit jedem Jahr mehr Geld haben. Für fast zwanzig Milliarden im Jahr Süßigkeiten, später Musik-CDs und Klamotten? In Wirklichkeit ist der Kuchen noch viel größer.

Kinder sind nicht nur Top-Zielgruppe mit beträchtlicher Kaufkraft, sondern auch Druckmittel und Verkaufsargument für das, was die Eltern kaufen. Söhne und Töchter haben auch bei nahezu allen Kaufentscheidungen in der Familie ein Wort mitzureden. Bei den Ausgaben, die sie selbst betreffen, bestimmen sie auch selbst, und zwar ausschließlich. Doch der Einfluss der konsumierenden Kinder endet nicht bei Cornflakes, Schoko-Brotaufstrich oder Shampoo. Was die Ausgaben der ganzen Familie angeht, so machen die minderjährigen Verbraucher auch hier ihr Mitspracherecht geltend. Beim Autokauf, der Wahl des nächsten Urlaubsziels oder der Farbe des neuen Teppichbodens reden die Kinder mit. Geht es um Mode oder Kosmetik, Computer und Unterhaltungselektronik, sind sie manchmal sogar die Vorbilder, an denen die Erwachsenen sich orientieren.

Vorsprung durch Technik, das gilt auch in der Familie: Die hergebrachte Rollenverteilung – Eltern wissen Bescheid, die Kinder müssen sich alles erklären lassen – verkehrt sich ins Gegenteil, wenn schon Drittklässler online „in magischer Angriffslust in 3D-Aktion üben und das höllische Handwerk von vier Magier-Typen lernen" und souverän ihre Prepaid-Card auf der Plattform mightygames für den download einsetzen, während ihre Eltern noch an der Aufgabe zu scheitern drohen, das neu erworbene Rechtschreibprogramm in das richtige Verzeichnis zu bugsieren. Kinder halten ihren Eltern schon in jungen Jahren den Spiegel der Unwissenheit vor und beginnen nicht selten damit, für diese einen ganzen Packen neuer Entwicklungsaufgaben zu definieren.

... als indirekte Käufer und Berater bei Kaufentscheidungen in der Familie

Die Kinder in der Fernsehwerbung kennen Fisch nur in Stäbchenform, trinken ihren Saft gemeinsam mit durstigen Zeichentrickfiguren und begrüßen den Clown, der amerikanische Bulettenbrötchen serviert, wie einen alten Bekannten. Selbst wenn die Kinder vor der Mattscheibe genau wissen, dass kein noch so vitaminreicher Saft bewirken kann, dass plötzlich Drachen aus dem Fernseher direkt ins Kinderzimmer springen, kommt die Botschaft an: Kindern soll vermittelt werden, dass ein bestimmtes Produkt neue Freundschaft herstellen oder ihnen Zauberkräfte geben kann. Einzelne Werbespots werden so oft wiederholt, dass die Kinder die Slogans und Sprüche nur zu gut kennen und in den gleichaltrigen Kindern, Phantasiegestalten, sprechenden Puppen oder Zeichentrickfiguren im Werbefernsehen vertraute Züge entdecken – und nicht nur da. Kultfiguren nehmen ihre Fans mit. Käptn Blaubär hat die „Sendung mit der Maus" längst verlassen, genauso wie die Tigerente ihr gemütliches Zuhause bei Tiger und Bär, die Turtles oder Pokémons stehen nicht nur für eine Fernsehserie, sondern leben längst fort in Comics und Sammelbildchen, als Zugabe in den Cornflakes, als Aufdruck auf T-Shirts, Zahnbürsten, Bettwäsche und Schuhen, die die Eltern kaufen.

Je mehr Produkte auf dem Markt sind, desto größer wird das Verlangen der Kinder. Die Kampagnen der Marketingexperten setzen auf die nervtötende Macht der Kinder, die Eltern zum Kauf bestimmter Dinge zu bewegen. Nicht nur für sie selbst, sondern auch für Ferienreisen, Fertighäuser oder Freizeitvergnügen für die ganze Familie. Daraus erwachsen komplizierte Situationen im Alltag; empfindliche, schwankende Balancen zwischen Gewähren und Versagen, Streit, Missmut und manchmal ärgerliche Auseinandersetzungen. („Kinder im Haushalt sind ein offensichtliches Indiz für eine verstärkte Kaufbereitschaft", fasst die Zielgruppenanalyse aus dem Hause Axel Springer zusammen und zählt auf: Innerhalb von zwei Jahren kaufen 17 Millionen Menschen, vor allem Mütter, in Deutschland Kinderbekleidung. 85 Prozent aller Eltern kaufen innerhalb von 12 Monaten mehr als einmal Spielwaren und Gesellschaftsspiele, die Hälfte schafft Kinderbücher an, 38 Prozent Kinderkassetten.) Soll man nun beim Wocheneinkauf diesem berüchtigtem Nachdruck widerstehen? Oder soll man, um des lieben Friedens willen, die Kinder selbst entscheiden lassen, was auf den Tisch kommt? Vielleicht wäre es auch im Sinne einer wohlverstandenen Familiendemokratie nicht verkehrt, mit den Kindern gemeinsam zu beratschlagen, was gekauft wird?

Kinder zwischen 6 und 13 Jahren kaufen selten selber ein, doch ihren Wünschen nach spezieller Kleidung oder bestimmten Lebensmitteln wird häufig entsprochen. Sie wissen genau, was sie anziehen, essen und trinken wollen, welche Musik angesagt ist und welche Comics man gelesen haben muss. Ihr direkter und indirekter Einfluss auf die Kaufentscheidungen in der Familie wächst stetig – ihn genau zu beziffern ist schwierig. Fachleute veranschlagen etwa 35 Milliarden Mark im Jahr für die Kaufkraft der 7- bis 20-Jährigen. Vom „Junior Sortiment" über die „Fruchtzwerge" bis zum „Familie Feuerstein-Püree" reicht die Palette der Kinderlebensmittel. Zwischen fünf und zehnt Prozent des Umsatzes wird beispielsweise von Maggi Deutschland mit diesen Kinderprodukten erzielt.

Schon zwischen drei und fünf Jahren entpuppen sich Kinder als ein „Markt der Beeinflusser" (James McNeal). Lange bevor sie überhaupt in der Lage sind Produkte zu erwerben, bewegen sie die Eltern schon, das Richtige zu kaufen. Mütter wissen bestens über die Vorlieben ihrer Kinder Bescheid, sie handeln sogar entsprechend, wenn das Kind überhaupt nicht dabei ist. Sie kaufen sogar Produkte in einer Art vorauseilendem Gehorsam schon deshalb, weil sie annehmen, ihr Kind bevorzuge dieses oder jenes Produkt, ohne sie vorher ausdrücklich gefragt zu haben, wie eine Studie an der Universität Wien über den Einfluss von Vorschulkindern auf die Wahl der Marke ihrer Mütter belegt. Ein Drittel der Mütter gibt so gut wie immer nach, ein weiteres Drittel manchmal, insgesamt sagten 96 Prozent der befragten 120 Mütter, sie bezögen die Wünsche ihrer drei, vier und fünf Jahre alten Kinder in ihre Kaufentscheidungen bei Lebensmitteln und Spielzeug mit ein, die Hälfte von ihnen sogar, wenn das Kind sie nicht beim Einkauf begleite. Beim Kauf von Getränken folgten 47 Prozent, bei Kleidung und Schuhen 31 Prozent den Wünschen der Kinder. Die Macht der Kinder über die Einkäufe der Eltern ist ungebrochen und macht sich sogar noch bemerkbar, wenn Eltern jede Mark zweimal umdrehen müssen. Wenn Eltern no-name-Produkte kaufen müssen, füllen sie die Ware um. Wasser zu Wein: namenlose Flakes von Aldi in die Original-Kellogs-Packung mit dem Glitzer-Pokémon-Sticker? Anonyme Coffeinbrause in die Original-Colaflasche? Ein Fünftel der befragten Mütter räumte ein, „jemanden zu kennen, der so etwas manchmal täte", – da es sich um ein hochempfindliches und auch peinliches Thema handele, so die Autorin Elisabeth Götze, habe man „um die Ecke fragen müssen". Es scheint Eltern enorm schwer zu fallen, „Nein" zu sagen, wenn die Kinder Wünsche haben oder jedenfalls leichter zu sein, ihre Wünsche mit einer Mogelpackung vorgeblich zu bedienen, als sich mit ihnen darüber auseinanderzusetzen, was sein muss und was nicht.

... als potentielle Kunden von morgen

Der Pflug am Morgen macht die besten Furchen – das wissen Bauern, aber auch Banker zu schätzen. Kein Wunder, dass Sparkassen und Banken zu den Frühaufstehern zählen, die das Brachland Kind beackern. Willkommen im Junior-Club: jede Menge Spaß und Action winken dem Mitglied – von der Ermäßigung beim Friseur oder im Zirkus, im Kino oder im Fitnesscenter, verbilligten Fahrten zu Popkonzerten, Musicals und Freizeitparks, jede Menge Preisausschreiben und das gebührenfreie Taschengeldkonto obendrein. Partner wollen die Banken sein und die Liason zwischen Geldinstitut und Göre beginnt früh – nämlich bei der Geburt. Mit Kindern im Alter von null bis 12 kommunizieren verschiedene Banken mit Symbolfiguren. Niedliche Maskottchen schaffen Sympathie und Vertrauen als Basis einer lang andauernden Partnerschaft, wie Banken von ihrem Zielgruppenmarketing hoffen. Manche dieser Symbolfiguren sind für den Naturschutz und die Verkehrssicherheit aktiv. Wettbewerbe, Broschüren, Plüschfiguren bringen den Kindern den Umweltschutzgedanken nahe und signalisieren den Eltern, Großeltern und Kindern, dass die jeweilige Bank von Anfang an eine partnerschaftlich orientierte Bank ist – auch über Geldangelegenheiten hinaus. Der Service wächst mit den Jahren; spezielle Jugendberater kümmern sich speziell um Jugendliche und ihre Geldgeschäfte in lockerem freundlichen Ambiente inmitten modisch eingerichteter Geschäftsstellen. Bunte Möblierung, Computer, Musik und Videos machen den Ort zum Treffpunkt für Auszubildende und Schüler. Es geht um viel Geld: Rund 80 Prozent der Kontoinhaber, weiß die Marktforschung, bleiben bei ihrer ersten Bankverbindung. Dabei sind die Serviceleistungen für Jugendliche bei verschiedenen Banken recht ähnlich. Jeder braucht irgendwann ein Konto. Es ist nicht die Frage, ob, sondern bei wem und wie eine Kundenverbindung eingegangen wird – das Brachland ist längst zur Arena geworden. Die rückläufige Bevölkerungsentwicklung verschärft die Ausgangslage für die Konkurrenten um das Konto des Kindes. „Bei einem zurückgehenden Jugendmarkt werden potentialverstärkende Maßnahmen erforderlich", formuliert das Kinder- und Jugendmarketing einer großen deutschen Bank die bewegliche Ziellinie für das werbliche Engagements von Geldinstituten.

Das Kinder-Clubbing wissen alle Branchen hoch zu schätzen – als zuverlässiges Mittel, Kinder an ein Produkt, eine Marke zu binden. Neben den Banken geben viele Unternehmen, aber auch Fernsehsender, sich Mühe, einmal gewonnene Kunden – auch Kinder – durch entsprechende Kontakt-Pflege zu halten. Von Maggi bis Pro Sieben: Clubnachrichten, Preisausschreiben, Wettbewerbe und persönlich adressierte Werbesendungen halten Kleine bei der Stange. Antwortkarten, die den gekauften Produkten beigelegt werden, senden die allermeisten Kinder ohne Wissen der Eltern ab – die Antwort kommt postwendend. Junge Mitglieder kaufen fünfmal mehr als andere Kinder, so eine brancheninterne Schätzung über den Nutzen dieser Spielart der Direkt-Werbung. Besonders jüngere Kinder nehmen das Spiel ernst. Sie sind fest davon überzeugt, tatsächlich von Mickey Mouse, Donald Duck oder den Turtles Post zu bekommen. Kinder kaufen und bekommen im Laufe eines Jahres auch ohne Club-Mitgliedschaft eine ganze Menge. Aber es macht ihnen ungleich viel mehr Spaß, als Person direkt angesprochen zu werden, eigene Post zu bekommen. Oder direkt Kontakt aufzunehmen: Zeitgemäß treten Schlümpfe, Marsupilami und Pumuckl, die Klassiker aus den eigenen Kinderzeiten, wieder auf – als Kultfiguren mit eigenem Internet-Auftritt. Animationen und Soundeffekte machen den Besuch im Tigerenten-Club, bei lego.com oder der Pumuckl-Webseite zum multimedialen Ausflug. Geschichten und aktuelle News, die Rätselecke, Malvorlagen und Spiele fordern zur Aktion auf. Der Pumuckl-Bildschirmschoner steht zum Download bereit. Besonderer Beliebtheit erfreut sich die E-Mail-Adresse des Kobolds. Bis zu hundert Nachrichten erhält er täglich, und damit es noch mehr werden, steht die Internet-Adresse auf allen Werbematerialien und Druckerzeugnissen sowie den Verpackungen der Pumuckl-Produkte, von denen viele auch online zu kaufen sind. Ein mitreißendes Musical um die Abenteuer des rothaarigen Klabautermannes ist längst inszeniert, eine Tournee in Deutschland, Österreich und der Schweiz wird vorbereitet. Das kaufende Kind, es ist umzingelt. Nicht nur Unternehmen, die Kinderprodukte verkaufen, spekulieren auf reiche Ernte. Eine amerikani-

sche Consulting-Firma hat kalkuliert, wie wertvoll die lebens-
lange Treue eines Kunden sein kann: potentieller Lebensmittel-
umsatz im Supermarkt 350 000 Mark, für Autos 210 000 Mark,
für Elektrogeräte 15 000 Mark und für die Bankverbindung
25 000 Mark, zitiert die Journalistin Hanne Tügel in ihrem
Buch über glitzernde Konsumwelten.

Mitspracherecht – aber richtig

Werbestrategen setzen ganz unverhohlen auf die Überredungs-
kunst von Kindern. Ganz egal, ob ein Anbieter Versicherungen,
Brotaufstriche, Tretroller oder Latzhosen an den Mann beziehungsweise die Familie bringen will, am Einfluss der Kinder
kommen Hersteller, Händler, Banken und Konzerne nicht vorbei. Dass die Eltern sich dieser finanziellen Tyrannei oft so
willig unterwerfen, beruht ja nicht allein auf deren Feigheit, all-
fälligen Schuldgefühlen oder dem ganz persönlichen Unvermö-
gen, den Ansprüchen der Kinder ein haltbares Nein entgegen-
zusetzen. Im Einzelfall spielt ein ganzer Strauß von Gründen
eine Rolle, wenn die Eltern gehorchen, bezahlen und damit ihre
Bereitschaft bekunden, materiell alles für die Kinder tun zu
wollen. Sie sorgfältig zu erkunden, wäre bereits ein erster
Schritt zu mehr erzieherischer Umsicht in punkto Geld zwischen Eltern und Kindern. Doch die stetig gebende Hand der
Eltern ist auch ein Zeichen für ihren bewusst oder unbewusst
erlebten Mangel an sozialer Autorität. In den wenigsten Familien gelten Geld und Konsum als eine Aufgabe des täglichen Lebens, an der die Kinder lernen müssen, sich so rational wie
möglich zu verhalten. Der Umgang mit Geld ist heute gleichsam entregelt; traditionelle Geldweisheiten wie „Wer den Pfennig nicht ehrt ..." oder „Erst die Arbeit, dann das Vergnügen"
finden keine breite Zustimmung mehr. Die Binsenweisheit,
wonach der bestimmt, welche Musik gespielt wird, der sie auch

bezahlt, gehört weithin der Vergangenheit an. Der sakrosankte Brötchenverdiener, der nach eigenem Gutdünken und allenfalls in Rücksprache mit seiner treusorgenden Gattin das Geld zuteilt, nach Ermessen gewährt oder versagt, als Belohnung für Wohlverhalten und gute Schulnoten in Aussicht stellt – dieser eherne Prinzipien vermittelnde Eziehungsstil ist mega-out. Das Erziehungsverhältnis zwischen den Generationen hat sich zum Beziehungsverhältnis entwickelt: Es wird nicht mehr so stark wie in den 50er und 60er Jahren von verbindlichen Normen geprägt als vielmehr von einem ständigen Aushandeln der Wünsche, Bedürfnisse, Umgangsformen. Das zeigt sich nicht nur, aber besonders einschneidend im Konsumverhalten.

Wie in anderen entregelten Situationen auch, gewinnen individuelle Vorlieben und Abneigungen Raum, sobald der äußere Rahmen aus Prinzipien, Gewissheiten und Haltungen bröckelt. Die Werbewirtschaft besetzt die Felder, die von den Erziehern aufgegeben werden. Dreijährige, die auf ihrer Lieblings-Fruchtjoghurt-Marke bestehen, gelten manchmal als niedlich – und sind doch ein anschauliches Beispiel dafür, wie früh die Kleinesten dem Einfluss der Erwachsenen entgleiten.

Wo der Mangel kein Argument mehr für den Verzicht ist und auch die Überzeugung nicht mehr trägt, dass man beileibe nicht alles haben muss, was im Fernsehen angepriesen wird, fallen Konsumbarrieren. Das bedeutet, dass die emotionale Komponente, die das Geld ja immer auch hat, stärker ins Gewicht fällt und sogar zum beherrschenden Faktor im Konsumverhalten werden kann. Der gesellschaftliche Demokratisierungsprozess in den Familien hat Kindern zweifellos mehr Spielraum verschafft, ihre Persönlichkeit in allen Facetten zu entwickeln. Über das beträchtliche Mitspracherecht freuen sich die Marktstrategen. Das Gewicht ihrer Stimmen steigt sogar noch, wenn die Eltern verschiedener Meinung sind und sie als Koalitionspartner eingreifen können. Diese Beobachtung aus der Wiener Tagebuchstudie, in der das Zustandekommen finanzieller Entscheidungen in engen Beziehungen untersucht wird, ist aufschlussreich, weil sie zeigt, wie strukturelle Veränderungen von Familienkonstellationen unmittelbar auf Konsumgepflogenheiten durchschlagen: In Haushalten mit Kindern und einem Elternteil ist der Einfluss größer als in Haushalten mit beiden Eltern. Ältere Kinder und Einzelkinder haben größeren Einfluss als jüngere, Erstgeborene und Einzelkinder werden eher in Kaufentscheidungen miteinbezogen. Sogar wenn der direkte Einfluss der Kinder nicht besonders hoch ausfällt, ist ihr Einfluss als Koalitionspartner der Eltern immer noch beachtlich. Wenn sich die Eltern nicht einigen können, dann werden Meinungsverschiedenheiten häufig durch die Intervention der Kinder beigelegt oder eben dadurch, dass ein Partner auf die Bedeutsamkeit einer Entscheidung für die Kinder verweist.

Wenn an die Stelle der alten Prinzipien über ökonomisch vernünftiges Handeln keine neuen verbindlichen Richtlinien treten, folgt der gewachsene Spielraum leicht dieser Gesetzmäßigkeit entregelter Situationen. Der Erwerb von Dingen wird gefühlsmäßig aufgeladen und lässt sogar den Gegenstand, um den es vermeintlich geht, verblassen. Unversehens gerät so die Frage „Kaufst du mir das?" zum Liebesbeweis zwischen Eltern und Kindern. Und weil man sie liebt, kann man es nicht ertragen, den kleinen Sonnenschein traurig zu sehen – und kauft gehorsam das Markenprodukt, das der Sohn oder die Tochter derzeit bevorzugt und holt auch beim Kauf von Stereoanlage, Couchgarnitur und Familienauto die Meinung der Kinder ein. Auf dem Weg zur Verhandlungsfamilie werden Kaufentscheidungen gemeinsam gefällt – und das ist durchaus begrüßenswert. Aber ohne Anleitung, ohne Vermittlung einer gewissen kritischen Sicht auf das Werbegetöse sind Kinder ausgeliefert und sie werden nur die Verkaufsargumente nachplappern, um zu begründen, warum es unbedingt ein VW-Sharan sein muss und alles andere zum Fahren nur ätzend aussieht. Argumente für und wider abzuwägen bei allen Entscheidungen über Ausgaben, die die ganze Familie betreffen, den finanziellen Spielraum genau ermessen, Wünsche gegebenenfalls aufschieben und die Tricks der Branche durchschauen lernen – alles Fähigkeiten, um in der Konsumwelt einen kühlen Kopf zu behalten, lernen sie so jedenfalls nicht.

Die Freiheiten der Kinder zur Gestaltung des eigenen Lebensstiles sind zweifellos gewachsen, aber haben die Fähigkeiten, mit diesem größeren Spielraum auch umzugehen, Schritt gehalten? Achtjährige Markenfetischisten sind an deutschen Schulen keine Seltenheit mehr. Konsumverrückte Kinder opfern ihr gesamtes Geld für das neueste Handy oder das coolste Outfit. Viele Jugendliche verschulden sich, um nicht außen vor zu bleiben. Zwei Drittel der Siebt- bis Zehntklässler würden, nach einer Studie der Universität Oldenburg, eher einen Kredit aufnehmen als auf einen Kauf zu verzichten. Kinder sind in den Alltag der Konsumgesellschaft voll mit einbezogen, aber sie haben noch nicht die Erfahrungen erwerben können, die den Älteren ermöglichen, mit ihrem Einkommen auszukommen. Konsumorientierung, Abhängigkeit von teuren Konsumangeboten und die Verschuldungsbereitschaft von Kindern haben zweifellos zugenommen. Die materielle Überversorgung schafft die Voraussetzung, sich mehr oder weniger alles leisten zu können. Innere Konsumbarrieren, die Erwachsene in ihrer eigenen Kindheit noch selbstverständlicher erwarben, können Kinder, die alles kriegen, was sie wollen, nicht ausbilden. Über Geld und materielle Ansprüche sind sie von den Eltern mit einer geliehenen Macht ausgestattet, die sie für die vielfältigen Verlockungen der Konsumgesellschaft so überaus anfällig macht. Wenn Kinder fordern und Eltern gehorchen, bestärken Eltern Kinder in einer Anspruchshaltung, die jeglicher Bodenhaftung entbehrt. Die kleinen Könige in der Warenwelt kommen Eltern teuer zu stehen, die sich darauf beschränken, die Kohle heranzuschaffen, damit alle Sehnsüchte erfüllt werden, statt Kompetenzen für den Konsum zu vermitteln. Und alles andere sollen sie den freien Kräften des Marktes überlassen.

Die Ära der einsamen Entscheidungen des Familienober-
hauptes über das Budget hat vermutlich genausowenig zur
Konsumkompetenz von Kindern beigetragen wie das resig-
niert-routinierte Nachgeben moderner Eltern. Es kann eine
große Chance für die Kinder bedeuten, wenn die Stimmen
aller Familienangehörigen ganz selbstverständlich eingeholt
werden, wenn es um die Wahl des Fruchtjoghurtes oder des
Ferienortes geht. Besonders in Familien, wo wenig Geld für
viele reichen muss, ergeben sich schöne Gelegenheiten, aus
der Not eine Tugend zu machen. Eine Familie ist zwar keine
Demokratie, aber es kann nicht schaden, die Kinder zu ver-
anlassen, verschiedene Möglichkeiten zu überdenken. Kinder
wissen es durchaus zu schätzen, wenn sie gefragt werden. Dadurch lernen sie auch, aus unangenehmen Situationen das
Beste zu machen. Was brauchen wir, was brauchen wir nicht?
Was brauchen wir dringender als anderes? Prioritäten setzen,
Wünsche aufschieben und sich daran erfreuen, wenn lang ge-
hegte Wünsche endlich erfüllt werden, eigene Bedürfnisse erkennen und dafür einzustehen, ohne die der anderen aus dem
Blick zu verlieren – die Verhandlungsmasse ist riesig. Kinder
sollen durchaus ein Mitspracherecht bekommen: lassen Sie
Ihr jüngeres Kind die andere Nuss-Nougat-Creme probieren
und entscheiden, ob es sich lohnt, dafür zwei Mark mehr auszugeben, wieviel die Mehrkosten in einem Jahr ausmachen
würden und was man mit diesem Geld sonst noch anfangen
könnte. Diskutieren Sie mit Ihrem etwas älteren Kind: ins
Kino gehen oder Hamburger essen? Auf ein ferngesteuertes
Flugzeug sparen? Das Geld für ein paar zusätzliche Reitstun-
den zurückhalten? Zu Fuß gehen statt den Bus zu nehmen,
auch wenn man schwere Einkaufstüten zu schleppen hat?
Schlagen Sie dem Werbefernsehen ein Schnippchen, indem Sie
Ihre Kinder dazu bewegen, die Spots genau zu betrachten und
herauszufinden, warum sie so verlockend wirken. Beziehen
Sie Kinder mit jedem Geburtstag ein bisschen mehr in die
Familienfinanzen ein. Geben Sie heranwachsenden Kindern

Kleidergeld, von dem kleinere Anschaffungen wie T-Shirts oder Kappen selbst bestritten werden können. Damit müssen sie auskommen. Regen Sie größere Kinder an, sich etwas dazuverdienen als Babysitter, Nachhilfelehrer oder Zeitungsausträger. Eltern, die mit Umsicht und Bedacht ihre Kinder in die wirkliche Welt finanziellen Ein- und Auskommens einführen, können die Kraft umleiten, mit der Kinder zum Konsum drängen in echte Nachdenklichkeit und wachsende eigene Verantwortlichkeit.

Wellen, die Lücken ins Portemonnaie reißen: der Gogorausch, der Diddl-Wahn, das Pokémonfieber

Schön ist sie nun wirklich nicht. Vom unförmigen Plüschleib baumeln unten zwei Bändchen, an deren Enden zwei überdimensionale Knubbelpfoten schlackern. Das spitzmäulige Köpfchen ziert ein auf süß getrimmtes Gesicht, zwei riesige Ohren runden den Gesamteindruck der Gestalt ins Mäusehafte ab. Und doch finden kleine Mädchen das Teil zum Knuddeln supersüß. Die Karriere der Diddl-Maus begann als Postkartenmotiv vor zehn Jahren, mittlerweile ist nichts mehr vor ihr sicher: Stifte, Hefte, Blöcke, Tassen, Bettwäsche, Schlüsselanhänger, T-Shirts, Socken, Kappen und natürlich das Ding selbst in allen erdenklichen Größen. Sogar eine XXL-Version im Format von 1,20 Metern der Plüschmaus kann man kaufen: Preis: 250 Mark.

Kleine Mädchen strahlen, sammeln, tauschen und wollen sie haben, Eltern wundern sich, zeigen Befremden, achselzuckendes Verständnis – und kaufen. Die Auswahl ist reichlich, immerhin umfasst die Produktpalette mehr als 1000 Artikel. Diddl ist ein Star; aufgestiegen aus dem Nichts, leuchtet der Stern der Plüschmaus hell am Firmament, aber nicht für ewig, sondern vielleicht nur bis morgen: Über kurz oder lang wird das

Interesse erlahmen, soviel ist sicher und so muss es auch sein: Unsere Wegwerfgesellschaft erhält sich selbst. Diddl ist out, der nächste Star steigt auf. Dann sieht man die kleinen Mädchen auf dem Flohmarkt oder am Rand belebter Plätze eine Decke ausbreiten, auf der die knuddeligen, zerliebten Leichen der Diddl-Mäuse aufgereiht ihrer Wiederauferstehung in einem liebenden Mädchenherzen harren, meistens vergeblich. Der nächste Schritt führt Diddl in den Keller oder gar in den Müll. Heute top und morgen flop – ihr Schicksal teilt die Diddl-Maus mit vielen anderen einst für teures Geld erstandenen Lizenzprodukten. Wer spricht heute noch von Pocahontas, der Meerjungfrau Arielle oder dem König der Löwen? Wer hat heute noch ein Tamagotchi oder ein Leucht-Jojo in der Tasche? Spielt man eigentlich noch mit Gogos? Eine Vermarktungswelle nach der anderen ergreift die Kinder, rollt über uns und unsere Portemonnaies hinweg und verläuft im Sande der Bedeutungslosigkeit. Dabei wissen wir doch: Den ganzen Krempel brauchen Kinder ja nicht wirklich. Aber was sollen wir ihnen noch schenken, wenn sie schon alles haben? Der Zustand der Sättigung ist angesichts überquellender Kinderzimmer und üppiger beweglicher Ausstattung mit Konsumaccessoires längst erreicht. Viele Eltern sind beunruhigt, wenn ihre Kinder sich nichts mehr wünschen und werden vielleicht von denen beneidet, deren Kinder sich dauernd etwas Neues wünschen. Beide Übel geben ein Echo auf den Schaden, der aus Überfluss erwächst: ein Zuviel im normalen Bereich ist ein Zuviel.

Genug zu haben – was im Grunde dem Kaufen von Gegenständen ein natürliches Ende bereiten würde, ruft den Einfallsreichtum der Konsumgüterindustrie auf den Plan. Immer wieder neue Objekte der Begierde erfindet der Konsum um seiner selbst willen, das Karussell bleibt in Fahrt. Wo das „Mehr" keinen Kaufanreiz mehr bietet, weil schon alles zur Genüge vorhanden ist, tritt das „Neue" an seine Stelle – für kurze Zeit ein Hit, und bald darauf vergessen. Das ist der Auftritt des Lizenzproduktes. Passend zu jedem neuen Film aus der Disney-

Schmiede kommen Figürchen auf den Markt, behaupten ein paar Monate lang den Spitzenplatz auf allen Wunschzetteln, zieren wenig später alle erdenklichen Produkte und spülen Millionen von Mark aus den Börsen von Eltern, Verwandten und anderen potenten Gönnern der Kleinen in die Kassen der Hersteller, Merchandizer und Händler. Dann verschwinden die ganzen Gestalten wieder und die nächsten sind dran. Adieu Arielle, Willkommen Glöckner von Notre-Dame.

Das Wellenspiel ist brisant, wenn auch nicht ganz neu. Ticks für ein paar Tage, Sammelleidenschaften für einen Sommer lang ergriffen auch schon frühere Generationen: Sammelbildchen aus Zigarettenschachteln tauschten schon die Großväter auf dem Schulhof, mit den inzwischen längst vergessenen Klick-Klack-Kugeln haben sich die Eltern mit 13 Jahren Gehör und Ansehen in der Clique verschafft. Genauso wie mit Kollektionen von Fußballerportraits, Bierdeckeln, Briefmarken und stattlichen Pfennig-Sammlungen in dickbauchigen Glasflaschen – die Moden wechseln und noch jede Generation hat ihre eigenen Wellen gekannt, mit denen sich auseinander gesetzt hat. Früher waren es die Beatles-Platten, die wir von unserem zusammengekratzten Taschengeld gekauft haben, heute sind es andere Formen, die allerdings schneller aufeinander folgen. Der Sammeltrieb als Urinstinkt hat alle zivilisatorischen Gehversuche von der Steinzeit (Nahrung, Brennholz) bis heute (Pokémon-Sammelkarten, Plüschtiere) überlebt. Und er erhält durch jede drohende Kaufkrafterlahmung neue Nahrung. Wie aus dem Weglaufen, das einst über Leben und Tod entschied, das Joggen geworden ist, wird aus dem einst existenzsichernden Sammeln ein harmloses, im besten Fall skurriles Hobby, eine merkwürdige Manie, die Kinder besonders heftig befällt, sobald sie ein paar Mark in der Tasche haben. Mit dem Forscherdrang, die Gegenstände aus der unmittelbaren Umgebung zerlegen und verstehen zu wollen, erwacht unweigerlich der Sammeltrieb, das Aneignen, Aufbewahren, Sortieren des Gleichen und genussvolle Betrachten der Schätze. Unter dem Bombardement der Warenwelt bleibt es nur nicht lange bei Stöckchen, Muscheln und merkwürdig geformten Steinen. Dinge, die man längst schon hat, die aber unter neuem Label zu einem frischen, anderen Produkt geworden sind, führen die ursprüngliche Idee des Sammlers weiter, Gleiches in immer neuen Spielarten zusammenzutragen und sich an der Vielfalt im Grunde verwandter Dinge zu freuen. Unter den Bedingungen der entfesselten Warenwirtschaft winkt reicher Profit dem, der an den Sammeltrieb von Kindern und dem Vermögen ihrer Erwachsenen, ihn zu befriedigen, anknüpft. Die Großoffensive der Giganten am Markt wie beispielsweise Nintendo peilt das Kind an, aber zielt direkt auf den Geldbeutel der Eltern, denn Sammeln heißt vor allem kaufen! Wer alle 151 Pokémons haben will, muss tief in die Tasche greifen – mit dem Taschengeld allein kommt er nicht weit.

Erwachsene sammeln auch, wobei dekorative Gegenstände und Erinnerungsstücke besonders beliebt werden. Kinder in der wohlhabenden Mittelklasse besitzen nicht nur Spielzeug, sondern ganze Sammlungen von Spielzeug. Ein oder zwei Figuren aus dem Mickey Mause-Club reichen genauso wenig aus wie nur eine Barbie ohne Ken, ein Matchbox-Auto allein oder ein einziger Schlumpf, wo es doch so viele gibt – je mehr, desto besser. Das psychologische Phänomen des „Habenmüssens" ist in vollem Gange und die Vermarktungsstrategen geben alles, um die Spirale anzuheizen. Während die Sammelticks früherer Zeiten sich auf Einzelstücke kaprizierten, erschafft ein aktuell grassierendes Fieber wie die Pokémon-Manie eine komplexe Welt, in der die Medienvielfalt – von der Spielkarte bis zum Internet – das eigentlich Neue bedeutet. Die Besessenheit, mit der die Kinder heute um Pokémon-Karten ringen oder ihren Game-Boy bearbeiten, ist das Ergebnis überlegen kalkulierter Marketingstrategien und so gut wie alle verfügbaren Medien umfassende Vermarktungskonzepte. Der Pokémon-Film, die neue Edition, die Fernsehserie: Pokémon scheint das ganze Leben von Kindern zu umlagern. Viele

Eltern fragen bang: Verfällt mein Kind dem hemmungslosen Konsum? Wird es mit diesem ewigen Gameboy-Daddeln nicht die Schule, seine Hobbys und seine Freunde vernachlässigen. Wieviel Gameboy -Zeit darf man eigentlich durchgehen lassen? Viele Eltern zeigen sich irritiert: Im Gegensatz zu den Sammelbildchen ihrer eigenen Kindheit lässt sich doch bei Gameboy & Co nichts Greifbares lernen. Konnte man früher wenigstens die Namen der Spieler ruhmreicher Fußballmannschaften komplett aufsagen oder mit Hubraum und PS-Angaben der gesammelten Rennautos angeben, stürzen sich die Kinder mit Pokémon und Konsorten in eine seltsame Welt, die keinen Bezug zur Wirklichkeit mehr hat: „Zubats bilden Kolonien an ewig dunklen Orten. Sie verwenden ultrasonische Wellen, um Angriffsziele zu identifizieren und sich ihnen zu nähern." Alles klar?

Die mediale Vielfalt des Pokémon-Fiebers und das Kauderwelsch ihrer Protagonisten konfrontiert Eltern mit einem neuen Aspekt ihrer Erzieherrolle. Die Sammelvorlieben ihrer eigenen Generation und die ihrer Eltern waren sich noch recht ähnlich. Mit den neuen Medienmöglichkeiten jedoch verändert sich mehr als nur die beliebtesten Spiele: „Wir Eltern wollen gerne Kontrolle haben. Und wenn wir die verlieren, macht uns das Angst", sagt Stefan Aufenanger, Medienpädagoge an der Universität Hamburg, „Medien konkurrieren um unsere Macht über Kinder, deshalb geraten wir in Panik." Ganz falsch ist das nicht: Die Medien – Game Boy, Videospiel, Internet – schieben sich als dritte Macht zwischen Kinder und Erwachsene, wobei noch immer viele Eltern in einem vagen Unbehagen verharren. Derweil erfreuen sich die Kinder an den Möglichkeiten der Technik und sind ihren unwissenden Eltern mehr als eine Nasenlänge voraus, wenn es darum geht, das nächsthöhere Level, natürlich nur auf dem Game Boy, zu erreichen.

Neu ist auch, dass sich das Alter, in dem man eine solche Sammelleidenschaft auslösen kann, drastisch nach unten verlagert hat. Immer neue Zielgruppen werden dem Profitinteresse erschlossen. Kinder einer Altersstufe, in der sie extrem leicht zu beeinflussen sind, werden mit Angeboten bombardiert, die nicht auf eine kindgerechte Entwicklung zielen, sondern auf eine marktgerechte. Es sind Kinder im Vorschulalter, manchmal schon im Windelalter, die hier Kundengruppe einer industriell durchgeplanten Spielewelt werden. Mit dem Verkauf von Serie und Lizenzen für Teletubbyprodukte hat die BBC ein traumhaftes Geschäft gemacht, während die versammelte Zunft der pädagogischen Gelehrsamkeit noch debattiert, ob die arg flache Sprache der Plüschmutanten vermag, der angestrebten Eloquenz des Nachwuchses bleibenden Schaden zuzufügen. Allein in Deutschland sind 1999 eine Million Bücher, über 500 000 Videokassetten und rund 15 000 Computerspiele über den Ladentisch gegangen. Weltweit gibt es mittlerweile etwa 4000 Teletubby-Produkte; bislang wurden damit geschätzte zwei Milliarden umgesetzt.

Im Rausch des Immer-Höher-Weiter-Schneller machen Spielwarenhersteller, Fürsten der Feinmechanik und -elektronik, Barone der Bits und Bytes satte Profite. Gute Verkaufschancen dürfen sich Lizenznehmer ausrechnen, denen es gelingt, rechtzeitig zum Filmstart mit allerlei Merchandizing-Artikeln die Klientel heiß zu machen. Größte Marktchancen hat, was in möglichst verschiedenen Medien gleichzeitig beim möglichen Käufer für Aufmerksamkeit sorgt. Idealerweise als tägliche Serie zur besten Sendezeit, als Kinofilm, auf Video und Audio, als Buch, als Computer- und Gesellschaftsspiel und als Bild plaziert auf Hausrat, Schulbedarf und Lebensmittelverpackung. Schnell muss es gehen: fast so schnell wie die elektronischen Spiele, die mit einer Marktpräsenz von rund zwei Monaten bereits als echte Longseller gelten, verstauben die Lizenzprodukte in aller Regel in den Regalen des Handels. Heute top, morgen flop. Und spätestens, wenn man knietief in Plüschfiguren watet, Kisten voller Plastikpüppchen, all die Sonderüberraschungen, Mitbringsel und einstmals heiß ersehnten Sächelchen zuerst auf den Flohmarkt trägt und dann resigniert in die Mülltonne wirft, wird man sich fragen, ob man Kinder widerstandslos Verführern überlassen will, deren Interesse in erster Linie dem eigenen Profit dient – und eben nicht der Befriedigung des ganz natürlichen Sammeltriebes.

5.Kapitel
Kinder entdecken das Geld

Fundraising im Vorschulalter

Zufrieden streicht die neunjährige große Schwester drei blanke Markstücke ein. Sonntag ist Taschengeldtag. Da will Julius natürlich nicht leer ausgehen. „Gibst du mir auch ein Geld?", fragt der Dreijährige, und weil er dabei so flehentlich mit den Augen rollt, müssen gleich alle lachen. Er kriegt auch eine Mark, die blitzschnell in der Hosentasche verschwindet. Später dann, auf dem Weg zum Spielplatz, marschiert er entschlossen zum Kiosk, holt das Markstück wieder hervor, legt es mit großer Ernsthaftigkeit auf die Ladentheke und verlangt einen Kaugummi. Und dann geschieht etwas Rätselhaftes: Zusammen mit dem Kaugummi reicht der Händler seinem Kunden eine silberne Münze zurück. Julius ist ratlos. Mit einem schiefen Blick auf den Kioskverkäufer greift er schnell nach dem Kaugummi, lässt das 50-Pfennig-Stück liegen und flitzt zur Tür. Ganz und gar unbegreiflich ist ihm der Vorgang. Gerade erst hat er verstanden, dass man, wenn man etwas kaufen möchte, „ein Geld" braucht. Und jetzt hat er ein Kaugummi gekauft und kriegt „ein Geld" zurück. Da muss doch etwas schief gelaufen sein.

Den Austausch von Ware gegen Geld zu verstehen, ist schwierig. Das komplizierte Verhältnis zwischen Ware, Bezahlung und Wechselgeld können Vorschulkinder kaum durchschauen. Aber sie beobachten genau. All die lebensnotwendigen Unterscheidungen zwischen Wert und Gegenwert, das Balancieren zwischen Ausgeben oder Behalten, die magische Anziehungskraft zwischen Geld und Dingen, die man dafür bekommen kann, stürzen kleine Kinder in große Verwirrung. Das Bewusstsein vom Wert und den Möglichkeiten des Geldes wächst langsam – und meist viel langsamer als Erwachsene sich klarmachen. Kinder benutzen manchmal sogar schon die richtigen Begriffe, aber machen sich ihren eigenen Reim auf ihre Bedeutung. Das merkt man nur, wenn man gelegentlich nachfragt. „Hast du auch Aktien?", erkundigt sich die sechsjährige Marie souverän bei ihrer Mutter. „Der Papa von Lukas hat ganz viele im Büro. Die stehen im Regal."

Vorschulkinder wissen nicht, was Sparen bedeutet. Sie leben ganz und gar im Hier und Jetzt und bringen dem, was später kommt, kaum Interesse entgegen, wie man leicht feststellen kann, wenn man einen Dreijährigen am frühen Nachmittag dazu bewegen will, ein Bonbon bis zum Abend aufzubewahren. Es dauert lange, bis ein Kind erkennt, dass es morgen kein Geld mehr hat, wenn es heute sein gesamtes Taschengeld für bunte Süßigkeiten verpulvert.

Wenn kleine Kinder dazu angehalten werden, Münzen in ein Sparschwein zu stecken, tun sie das zwar meist bereitwillig, klappern fröhlich mit der prall gefüllten Blechdose. Sie fühlen sich umso reicher, je schwerer das Behältnis wiegt, ganz egal, ob Groschen oder Fünfmarkstücke die Füllung ausmachen. Sie wollen sich davon etwas kaufen – ein Rennauto zum Beispiel, einen Sack voll Bonbons oder auch nur ein einziges Kaugummi. Manchmal legen sie eine anrührende Hilfsbereitschaft an den Tag und bieten ihr Klappergeld an, um davon die geplante Ferienreise an die Ostsee zu bezahlen – der Urlaub, um dessen Finanzierung sich die Eltern gerade gestritten haben.

Woher das Geld eigentlich kommt, das ihre Eltern tagtäglich ausgeben, macht ihnen wenig Kopfzerbrechen. Es ist eben einfach da. Viele glauben, dass man Geld in Geschäften an der Kasse bekommt. Sie haben ihre eigenen Ideen, wie man Nachschub holt, wenn es alle ist: „Geh doch zur Bank und hol dir neues", empfiehlt der Fünfjährige. Das hat er schließlich schon zig mal gesehen: Am Automaten schiebt man die Magnetkarte rein, tippt auf die Tasten und schon kommen die Geldscheine raus. Nichts leichter als das.

Dabei können Fünfjährige durchaus zählen. Fünf Markstücke, die man auf dem Tisch vor sie hinlegt, zählen sie genauso souverän durch wie fünf Schokoriegel. Doch wenn man ihnen versucht zu erklären, dass man für jede Mark zwei Schokoriegel kaufen könnte, geraten sie schon ins Schleudern. Erst recht zum Scheitern verurteilt ist der Versuch, ihnen vermitteln zu wollen, dass sie zum Preis für den einen Schokoriegel mit der lustigen Dino-Figur, die auf der Verpackung abgebildet ist, zwei andere gleicher Qualität, aber ohne das Dino-Bildchen, bekommen könnten… Es hat keinen Zweck. Die Verbindung zwischen dem Zählen des Geldes und dem Erkennen seines Wertes ist in den Köpfen von Kleinkindern einfach noch nicht vorhanden – ein Umstand, den sich Werbebotschaften, die doch nur ans augenblicklich Habenwollen appellieren, weitgehend ungestört von erzieherischem Widerstand zunutze machen dürfen.

Vorträge über die Unterschiede zwischen Groschen, Mark und Pfennig langweilen einen Drei- oder Vierjährigen enorm. Vor dem abstrakten Bewerten und Zählen pflegen sie ein direktes, sinnliches Verhältnis zum Geld: Sie spielen lieber mit Münzen wie mit Murmeln, stopfen sie in die Ritzen des Dielenfußbodens, stapeln schwankende Türme aus Pfennigen oder wühlen mit beiden Händen in dem prall gefüllten Säckchen mit französischen, spanischen und englischen Münzen, die von den letzten Urlauben übrig geblieben sind. Denn echtes Geld muss es schon sein: Schweres, kühles Metall in der Hand wiegt anders als blasse Plastikchips oder Papierscheinchen, die noch nicht einmal knistern. Spielgeld ist viel zu leicht, um damit spielen zu können, zum Beispiel im Kaufmannsladen: In Charlottes Laden kostet alles eine Mark. Ihr Papa kauft immer wieder gern hier ein. Jetzt verlangt er ein Stück Butter – Charlotte reicht ihm ein kleines Bilderbuch über den Karton, der als Ladentheke dient: „Eine Mark, bitte." Am Ende muss er selbstverständlich genau so viele Münzen zum Bezahlen herüberreichen, wie er Päckchen eingekauft hat. Irgendwann bekam er von Charlotte ein paar Münzen als Wechselgeld zurück. Auf seine erstaunte Frage, wieso er denn jetzt noch was 'rauskriegt, gab Charlotte mit einem überlegenen Lächeln zurück, „na, wenn ich dir kein Geld zurückgebe, dann kannst du doch gar nichts mehr einkaufen." Einleuchtend, oder? Außerdem klingt in dieser Überlegung einer Vierjährigen bereits ein solides ökonomisches Grundprinzip an: Volkswirtschaftler wissen, dass die Konjunktur sich beleben lässt, wenn die Kaufkraft der Massen gestärkt wird – durch sinkende Lebenshaltungskosten beispielsweise.

Kinder entdecken das Geld in kleinen Schritten. Zuerst begreifen sie das Prinzip des Austausches – Süßigkeiten gegen Münzen auf der Ladentheke. Allmählich entwickelt sich eine Vorstellung vom Wert – für einen Groschen kriegt man kein Dreirad, das versteht schon ein Vierjähriger. Aber einen Roller vielleicht? So schnell gibt er sich nicht zufrieden.

Eigenes Geld – erste Klasse

Kleine Kinder machen früh Bekanntschaft mit dem Prinzip der Teilbarkeit – die Zeitspanne, in der sie nicht wahrhaben wollen, dass man auch einen Lutscher für fünfzig Pfennig haben kann, wenn man ein Markstück hat, geht meist zu Ende, wenn die Schule beginnt. Mit jedem Schuljahr verstehen Kinder immer mehr davon, was es mit dem Geld auf sich hat. Das Geldverdienen rückt ins Blickfeld: „Geld gegen Leistung", das Motto markiert eine weitere Stufe der Annäherung an ein lebensbestimmendes Thema. Spätestens im zweiten Schuljahr spricht sich in der Klasse herum, wenn manche Klassenkameraden zu Hause jede gelungene Mathearbeit abrechnen können. „Timo kriegt für jede eins fünf Mark. Können wir das nicht auch machen?" – „Kommt überhaupt nicht in Frage", wehren einige Eltern dieses Ansinnen ab, „du lernst schließlich für dich und nicht fürs Geld." Und überhaupt: Wo würde das hinführen, wenn schon Grundschüler nur allein in der Aussicht auf klingende Münze einen Anreiz sähen, sich anzustrengen? Andere Eltern glauben, die Kinder lernten so etwas fürs Leben: „Ich funktioniere auch besser, wenn ich für meine Arbeit gut bezahlt werde", rechtfertigt Timos Vater die Prämie für gute Noten.

Mit zunehmendem Alter finden auch die Mysterien des Geldumlaufs immer mehr Interesse bei den Kindern: Mama oder Papa gehen arbeiten und bekommen dafür Geld von ihrem Chef, davon kaufen wir Essen ein und der Chef vom Supermarkt kauft von unserem Geld dann neues Essen ein. Schritt für Schritt wächst ihr Interesse an der Wertschöpfung: Alle Ladenbesitzer verlangen mehr für ihre Produkte als sie dafür bezahlt haben. Manche wenden diese Erkenntnis schon flott ins Pragmatische. „Ich könnte Krepppapier kaufen und Papierblumen daraus basteln und die dann für viel mehr Geld verkaufen", sinniert die neunjährige Lilith über die Erschließung neuer Einkommensquellen, weil das Taschengeld schon wieder ausgegeben ist – und der nächste Sonntag noch weit.

Das Verständnis für Zinsen, Kosten, Gewinne und Aktien kommt viel später dazu; mit zwölf, dreizehn oder erst mit fünfzehn Jahren hat sich eine Art Gesamtüberblick entwickelt über das komplizierte System aus Handel, Produktion und Dienstleistung – in einem Alter, wohlgemerkt, in dem Kinder längst als potente Konsumenten auf dem Markt reüssieren: als ernstzunehmende Kunden, die maßgeblich auf die Kaufentscheidungen ihrer Eltern einwirken und als künftige Kunden, die auf Schritt und Tritt von Werbung umgeben und geködert werden.

Mit dem ersten Taschengeld, das nach allgemeiner Überzeugung mit dem Schuleintritt zu fließen beginnen soll, tritt das Kind in der Rolle des eigenständigen Konsumenten auf den

Plan. Durchschnittlich 19 Mark Taschengeld im Monat haben Kinder zwischen 6 und 9 Jahren zur Verfügung, hat das Münchener Institut für Jugendforschung ermittelt. Mit den Jahren wird der Geldstrom wird stetig breiter, die Zahl der Zuflüsse steigt: Geldgeschenke sind ganz normal, die Anlässe, das Portemonnaie zu zücken, mehren sich, wenn der Bedarf an Belohnungen erst einmal geweckt ist: Heikle Arztbesuche, gute Noten, Besuche bei Freunden, Mitbringsel von Reisen, die Erledigung von Extra-Arbeiten im Haushalt, Trost bei Kummer, Anreiz für gutes Benehmen. Der Zehnmarkschein von Oma, „für die Sparbüchse", die Überweisung am Geburtstag aufs Sparbuch, das Fünfmarkstück von der wohlmeinenden Tante mit einem Augenzwinkern zugesteckt, der Einkauf für die kranke Nachbarin, mit zwei Mark nicht schlecht honoriert – das alles kommt für die vielen Wünsche, die, einmal geweckt, keine Ruhe mehr geben wollen, gerade richtig. Sie haben eigenes Geld in der Tasche und Wünsche, die sie nach eigenem Geschmack erfüllen möchten. Sie sollen lernen, mit Geld umzugehen und bekommen dafür Taschengeld, über das sie frei verfügen. Kioskbesitzer können sich freuen, wenn sie einen Laden in der unmittelbaren Nähe einer Schule ergattern und steigern spielend den Standortvorteil zur Goldgrube. Den allergrößten Teil ihres nunmehr regelmäßig fließenden Einkommens setzen Erstklässler in klebrige Chupachubs, grelle Pushpops und Weingummi mit Colageschmack um, etwas später kommen Mickey-Mouse oder Wendy-Hefte hinzu. Nicht wenige Kinder sparen jetzt – auf ein cooles Mountainbike oder den Minicomputer im Hosentaschenformat aus dem Hause Nintendo. Sie lernen zu rechnen, vergleichen Preise mit dem Inhalt ihrer Geldbörsen und achten darauf, dass das Wechselgeld stimmt. Und sie verstehen, dass das angesagte Game für den PC mehr kostet als ein Brettspiel, auch wenn sie noch lange nicht begriffen haben, warum das so ist. Sie geraten ins Grübeln, wenn die Glitzersticker im Kaufhaus eine Mark weniger kosten als im Schreibwarenladen um die Ecke, aber sie versuchen sich eine Erklärung für diese Dinge zurechtzubasteln: Die Verkäuferin im Schreibwarenladen ist einfach geldgieriger als die im Kaufhaus.

Mit acht, neun Jahren dämmert Kindern bereits, dass man für Geld arbeiten muss und auch, dass der Bäcker nicht deshalb Brötchen verkauft, weil er einfach zu viele davon hat. Den Neid auf die Verkäuferin von Plüschtieren und Barbiepuppen, „die hat es gut, weil sie so viele Spielsachen hat", lassen sich Siebenjährige zugunsten einer realistischeren Einschätzung der Besitzverhältnisse schon fast widerspruchslos nehmen. Dass sogar der Spielzeughändler seine Waren mit Geld bezahlen muss, bevor er sie weiterverkaufen kann, nehmen Achtjährige schon mit Fassung zur Kenntnis. Aber dass er sie für mehr Geld weiterverkauft, als er dafür bezahlt hat, kommt ihnen verdächtig vor, sogar Neunjährige fühlen angesichts solch geldgierigen Verhaltens noch echte Entrüstung. Erklärt man ihnen gar, dass Banken zwar Geld verleihen, man dafür aber viel mehr zurückbezahlen muss, als man geborgt hat, finden sie das dann richtig gemein. Überhaupt, die Bank: Jahrelang leben viele Kinder in dem Glauben, die Bank verteile Geld an die Leute, die es brauchen und bewache das Geld, das die Leute gespart haben, damit es vor Dieben und Einbrechern geschützt ist. Wenn man wissen will, wieviel Geld man gespart hat, holt er es aus dem Tresor und zeigt es vor, wenn man es sehen möchte. Wenn man viel gespart hat, kriegt man von dem freundlichen Mann hinter dem Bankschalter zur Belohnung Zinsen und nicht nur das: Bleistifte, Sticker, Luftballons, Plastikfiguren und Comic-Hefte verschenkt er auch noch. Ist doch nett, oder?

Längst bevor Kinder ein realistisches Bild von der Arbeit eines Geldinstitutes haben können, ist die emotionale Bindung zwischen kleinen Kunden und ihrer Bank geknüpft. Nahezu alle großen Banken machen sich anheischig, Kinder behutsam an den Umgang mit Geld heranzuführen. Rund 750 000 Mitglieder zählt der hauseigene Knax-Club der Sparkassen, der rund die Hälfte der 500 Filialen unterhält ...

Koste es die Eltern, was es wolle. Soll man Banken die Aufgabe, Kinder den Umgang mit Geld zu lehren, wirklich allein überlassen? Wie sollen aus den „Kids", wie die Marktforschung sie anbiedernd nennt, kritische Kunden werden, wenn sie glauben, die Bank sei eine mildtätige Einrichtung zur gerechten Verteilung und sicheren Bewachung von Geld, eine uneinnehmbare Festung zum Schutz vor Dieben oder ein lustiger, aufregender Ort, an dem noch dazu immer viele kleine bunte Überraschungen für Kinder bereitgehalten werden?

Wie man zum Käufer wird

Kinder spüren die Macht des Geldes, lange bevor sie sich ein wirklichkeitsnahes Bild über Dinge wie Sparen, Ausgeben, Verdienen oder Leihen gemacht haben. Sie wachsen in die Konsumwirklichkeit einfach so hinein; das beginnt früh und unspektakulär – in alltäglichen Situationen, die wir als normal empfinden und denen wir keine weitere Beachtung schenken. Sie begleiten uns beim Einkaufen, beobachten uns beim Ausfüllen von Überweisungsformularen und hören zu, wenn wir über Geld streiten. Sie sehen uns schwach werden, wenn es um einen sehnlichen Kaufwunsch geht und dann wieder hart bleiben, wenn wir die Bitte um ein weiteres Plüschtier nicht erfüllen wollen oder letzten Endes doch umkippen, weil wir das Gequengel nicht mehr ertragen mögen.

Schon bevor Kinder im Umgang mit Geld und seinen Möglichkeiten gewisse Fähigkeiten gewinnen, die dereinst mit darüber entscheiden, ob sie die Balance des Machbaren in Geldangelegenheiten halten oder verlieren, gehen sie in die Schule des Konsums. Wissenschaftler der Universität Texas und die Firma Procter&Gamble haben in einer gemeinsamen Untersuchung aus dem Jahr 1993 die Stadien nachvollzogen, in denen Kinder zu Konsumenten werden. Dabei fanden sie ein Muster herangebildet, das vergleichbar quer durch alle Haushalte verläuft und für Jungen nicht anders aussieht als für Mädchen. In die erste Phase fällt das Beobachten: Bereits im zarten Säuglingsalter von sechs Monaten sind drei von vier Kindern im Supermarkt gewesen. Schon mit 12 bis 15 Monaten, so die US-Studie, registrieren kleinste Kinder bestimmte Details und Symbole – bunte Verpackungen genauso wie bestimmte Logos – und erkennen sie, manchmal zum Leidwesen ihrer Eltern, dann auch immer wieder. Läden, Geschäfte und Supermärkte entdecken sie früh als Quelle vieler schöner Dinge. Ist die Lust zu besitzen geweckt, beginnt die zweite Phase: Das Fordern. Zwei Drittel der Dreijährigen geben ihren Wünschen bereits mit Worten Ausdruck. Der Moment ist gekommen, an dem man das Kind als Kunde ernstnehmen und das heißt vor allem, umwerben muss, „als Mitglied des Marktes konkurrierender Einflüsse", halten die Marktforscher fest. Denn die dritten Phase steht unmittelbar bevor: das Auswählen. Mit (positiver) Erinnerung an bestimmte Produkte und Einkaufsstätten erwacht der Wunsch nach selbständigen Einkäufen. Schon mit dreieinhalb Jahren sind viele Kinder fit im Self-Service und bald schon sehr stilsicher in der Wahl ihrer Lieblingslebensmittel. Mit viereinhalb Jahren dann wählen drei Viertel aller Kinder beim Einkaufen mit den Eltern Produkte aus – nicht einfach Spinat, sondern der mit dem Blubb, nicht einfach Joghurt, sondern Fruchtzwerge, nicht einfach Schokolade, sondern die mit der lila Kuh muss es sein. In diesem Stadium sind, so die US-Forscher, Ladengestaltung, Displays und Verpackungen von grundlegender Bedeutung, am besten postiert man in Greifhöhe. Schon bald möchte das Kind selbst einkaufen, vorerst allerdings noch in Begleitung seiner Eltern. Das Kind begreift die Bedeutung des Geldes als Zahlungsmittel und kauft erstmals selbständig mit eigenem Geld ein, während die Eltern zuschauen. Das Kind – Durchschnittsalter erst fünfeinhalb – ist unter die Konsumenten gegangen, bald auch ganz allein. Selbständig einkaufen heißt der nächste Schritt. Mit dem Einkauf ohne Eltern ist schließlich die Erziehung zum Konsumenten – vorläufig – abgeschlossen. Als Durchschnittsalter für den Beginn selbständigen Einkaufens nennen die US-Forscher acht Lebensjahre – reichlich spät, wie es heute, acht Jahre nach diesem Forschungsbefund, scheint. Was so harmlos mit dem feierlichen ersten selbständigen Brötchenholen am Samstagmorgen beginnt, hat die Tendenz, sich schnell auszuweiten. Der Gang zum Eismann, der Sprung mal eben in den Kiosk an der Ecke, der selbständige Besuch im Kaufhaus sind prickelnde Unternehmungen einzeln oder zu zweit, die sich zu immer ausgedehnteren Streifzügen in die Geschäfte der Umgebung mausern. Mit etwas Geld in der Tasche und einer Freundin oder einem Freund an der Seite geraten die ersten Gehversuche als Selbstkäufer für kleine Kinder leicht zum verlockenden Abenteuer, das sie schon deswegen genießen, weil sie sich dabei ganz groß fühlen dürfen.

Wenn Kinder ihr ganzes Geld innerhalb von wenigen Minuten für Süßigkeiten, Plastikfiguren oder Klebebildchen auf den Kopf hauen, ziehen sie sich regelmäßig den Unmut der Eltern zu. Die möchten nämlich, dass das Kind den Wert des Geldes zu schätzen lernt. Schließlich müssen sie, die Eltern, für jede Mark, die da so locker ausgegeben wird, arbeiten – auch wenn viele Eltern den deutlichen Hinweis auf diesen unumstößlichen Sachverhalt scheuen. Doch warum sollten Kinder sparen, wenn sie doch wissen, dass ihre Eltern ihnen am Ende alles kaufen werden, was sie haben möchten? Wie sollen sie lernen, beim Geldausgeben zwischen mehreren Möglichkeiten zu wählen, weil das ihnen zur Verfügung stehende Geld beschränkt ist? Im Allgemeinen sind die Eltern zu sehr damit beschäftigt, ihr überzogenes Konto wieder auszugleichen, als dass sie den mangelnden Sinn ihres Kindes für Geld bemerken. Dann tauscht die sechsjährige Tochter ihre Barbie-Puppe gegen ein rotes, herzförmiges Plastikportemonnaie, oder der siebenjährige Sohn bietet an, gegen entsprechende Bezahlung den Tisch abzuräumen. Oder es kommt heraus, dass sein zehnjährige Bruder bei Großmutter, Tante und Schwester mit insgesamt über hundert Mark in der Kreide steht und zu allem Überfluss auch noch die Sparbüchse des jüngeren geknackt hat. Sicher, man hätte schon merken können, dass da etwas nicht stimmen kann, als er mit dem neuen Modellflugzeugkarton hinter dem Rücken in seinem Zimmer verschwand.

Stichwort: Gelderziehung

Es reicht nicht, ihnen jeden Wunsch zu erfüllen, sofern man sich das nur leisten kann, darüber hinaus pünktlich ein großzügig bemessenes Taschengeld zu zahlen und bei der nächsten Gelegenheit darüber zu schimpfen, dass alles für Süßigkeiten und Tinneff aus dem Fenster geworfen wird. Irgendwo muss ein Kind Antwort auf die Fragen bekommen, die es sein Leben lang begleiten werden. Warum bekommt ein Arzt mehr Geld für seine Arbeit als ein Briefträger? Woher weiß ich, wieviel verschiedene Dinge wert sind? Ist bezahlte Arbeit mehr wert? Warum soll ich mir das nicht kaufen, was ich unbedingt haben will? Wieviel Gewinn darf man machen? Darf man Schulden machen, um sich einen Wunsch zu erfüllen? Sind reiche Leute bessere Menschen als arme? Oder schlechtere? Oder keines von beiden? Warum haben manche Menschen gar kein Geld und hungern, während es andere mit vollen Händen ausgeben? Was ist der Unterschied zwischen sparsam und geizig, verschwenderisch und großzügig? Die Antwort auf alle diese Fragen wird ein Kind aus dem heraushören, was seine Eltern und andere Menschen tun und sagen – wenn auch ihre Stimmen im Trommelfeuer der Werbebotschaften manchmal unterzugehen drohen. Kaufbotschaften beeinflussen das Konsumverhalten der Kinder direkt und unverblümt. Jahre bevor ihre Fähigkeiten, die Appelle der Werbeindustrie zu durchschauen, mit der Eindringlichkeit der Botschaft Schritt halten können, haben

Kinder verinnerlicht, dass es gut ist, immer genug Geld in der Tasche zu haben und noch besser, immer mehr davon zu haben. Früh finden sie heraus, dass es eine besondere Bewandtnis mit klingenden Münzen und knisternden Scheinen hat, denen unsere Aufmerksamkeit gilt. Wir bewahren sie an speziellen Orten auf, räumen sie beiseite, verstecken sie in Taschen und schützen sie durch Reißverschlüsse, Druckknöpfe oder in geschlossenen Behältern. An der Kasse holt man das Geld heraus, zählt es mit gespannter Aufmerksamkeit vor, dann wird es genau betrachtet und sorgfältig wieder weggeschlossen. Geld ist von Anfang an umgeben mit der Aura des Geheimnisvollen und Mächtigen. Später hören die Kinder dann, wie ihre Eltern das Wort ärgerlich, fröhlich oder nachdenklich aussprechen, ihm aber immer viel Aufmerksamkeit widmen. Früh entdecken sie, dass das Geld, und oft genug nur das Geld, zu fast allen Dingen führt, die sie haben wollen. Neben Puppen, Spielzeug, Lebensmitteln und Süßigkeiten verkaufen die Hersteller den Kindern jedoch Sicherheit, Selbstbewusstsein, Beliebtheit und Ansehen im Kreis ihrer Freunde und Gleichaltrigen. Kein Wunder, dass schon die Kleinen große Ohren machen und früh verstehen: Offenbar geht es um etwas sehr wichtiges, wenn es ums Geld geht.

Maßlosigkeit als kleinster gemeinsamer Nenner: Habenwollen ist ganz normal

Kein Kind wird mit dem Schrei nach Pampers, Playmobil oder Pokémon geboren. Ein Baby interessiert sich für Farben, Gegenstände und Bewegung, Etiketten sind ihm egal. Es grapscht nach dem Mobile genauso beherzt wie nach einem Sonnenstrahl, dann nach den Gegenständen, die man ihm zum Spielen reicht und erst viel später streckt es die Hand nach dem Portemonnaie seiner Eltern aus. Nach Dingen greifen, sie bewusst festhalten und auch wieder loslassen – der Drang, einen Gegenstand in Händen halten zu wollen, setzt schon bei Babys eine enorme Energie frei und ist ja darüber hinaus auch ein gesunder Ausdruck ihres Bedürfnisses zu wachsen, sich mit den Dingen in ihrer Umgebung auseinander zu setzen, mit viel Lust die Welt zu begreifen.

Das eigentliche Problem ist aber, dass Kinder nicht wissen, was sie brauchen. Oft wissen sie nur, wozu sie Lust haben. Das Schlafengehen, die Mahlzeiten, das Spielen – in den traditionellen erzieherischen Exerzierfeldern verwenden Eltern viel Mühe und Weitsicht darauf, die grundlegenden Bedürfnisse nach ausreichendem Schlaf, gesunder Ernährung und einer anregungsreichen Umgebung zu erfüllen. Warum fällt es uns so schwer, hinter dem allgegenwärtigen Wünschen, Fordern und Habenwollen das eigentliche Bedürfnis zu erkennen? Kaufappelle und Werbebotschaften sind millimetergenau auf die Wünsche, aber nicht auf die Bedürfnisse der Kinder zugeschnitten, sie füttern die spontane, impulsive Lust auf alles Mögliche mit Produkten und Phänomen, aber sie stillen nicht ihre Bedürfnisse nach Aufmerksamkeit, Zuwendung, Anerkennung und Geborgenheit. Kinder sind keineswegs ahnungslos, was ihre existentiellen Bedürfnisse angeht, aber es fehlen ihnen der Überblick und die sprachlichen Ausdrucksmöglichkeiten. Sie sind darauf angewiesen, dass ihre Eltern beides haben. Wenn ein Wunsch, kaum dass er erfüllt, augenblicklich Junge kriegt, wenn die Forderungen nach diesem oder jenem sich jagen und entnervende Streitereien nach sich ziehen, weil die Eltern die Wünsche nicht erfüllen können oder wollen, steckt mehr dahinter. Das ganze pädagogische Arsenal vom Grenzen-Setzen, Nein-Sagen, dem Ratschlag, immer schön konsequent zu bleiben, kratzt allenfalls die Oberfläche an. Das wirkliche Problem liegt tiefer. Auch wenn Kinder ihre ureigenen Bedürfnisse kaum in Worte fassen können, empfinden sie deutlich, dass diese nicht erfüllt werden – und weichen aus: „Ich fühle mich so abgeschoben, weil das neue Baby deine ganze Aufmerksamkeit beansprucht. Du scheinst mich überhaupt nicht mehr zu bemerken. Ich weiß, dass du mich liebst und ich tue alles, um deine Liebe zu behalten. Aber wenn du so unbeschwert und fröhlich mit dem Baby schmust, werde ich neidisch." Hat man je einen Vierjährigen so reden hören? Stattdessen verlangt er augenblicklich nach Schokolade, wenn das Baby gestillt wird oder wirft sich voller Wut auf den Boden, wenn er den großen Baukran aus der Auslage im Spielzeuggeschäft nicht kriegt, um kurz darauf auszuflippen, weil ihm die Eistüte verwehrt wird. Aggressives, frustriertes oder unglaublich forderndes Verhalten von Kindern gibt ihren Eltern eine klare Rückmeldung: Hier stimmt etwas nicht. Mir fehlt etwas. Und es ist die Aufgabe der Eltern, hier ein klein wenig Übersetzungsarbeit zu leisten – hinter dem Wunsch das Bedürfnis zu erkennen.

Denn Kinder, die alles fordern, wozu sie Lust haben und das auch prompt bekommen, werden nicht nachlassen, weil das eigentliche Bedürfnis nicht gestillt, sondern nur mit Ersatz befriedigt ist. Im Gegenteil, sie halten sich auf eine gewisse Weise schadlos, wenn ihre Konsumwünsche unaufhörlich sprudeln. Das Verhalten ihrer Kinder mag die Eltern provozieren, sogar abstoßen oder zum resignierten Nachgeben bewegen um des lieben Friedens willen. Immer mehr Eltern tragen das finanzielle Joch, das ihre Kinder ihnen mit immer neuen Wünschen und Ansprüchen auferlegen, sonderbar klaglos und wetteifern nicht selten sogar untereinander darum, den Kindern doch wenigstens materiell alles geboten zu haben, wenn schon alles andere daneben gegangen ist. Das besonders großzügig ausfallende Weihnachtsgeschenk des einen Elternteils setzt den anderen unter Zugzwang. Die möglichst originalgetreue Reproduktion des Kinderzimmers beim getrennt lebenden Papa wird oft angestrebt. Doppelte Geburtstagsfeiern, mit zweimaligem Geschenkeverteilen für ein einziges Kind sind keine Seltenheit bei Eltern, die sich gerade getrennt haben und nicht imstande sind, über die Modalitäten einer einzigen Kinderparty Einstimmung zu erzielen. Unsere Lebensverhältnisse machen den Ausweg übers Geld leicht zum Königsweg in der Familie. Kinder, die zuviel von dem bekommen, worauf sie Lust haben und zu wenig von dem, was sie brauchen, hat es zwar immer schon gegeben. Aber der gewachsene Freiraum von Kindern dank des liberaleren Erziehungsstils in vielen Familien hat das Klima geschaffen, in dem den materiellen Ansprüchen der Kinder ganz selbstverständlich mehr Gewicht beigemessen wird als in früheren Generationen. Der größere Wohlstand in unserer Gesellschaft hat die allermeisten Eltern um das Argument beraubt, das ihre eigenen noch guten Gewissens anbringen konnten: „Dafür haben wir kein Geld." Wir können es uns heute im Allgemeinen gut leisten, den Kindern viel und zuviel von dem zu geben, worauf sie Lust haben.

Wo Konsumbarrieren in Gestalt äußerer Zwänge fallen, weil die Menge des verfügbaren Geldes nicht mehr allein die entscheidende Rolle spielt, werden innere Grenzen wichtiger. Jeder Konsumfortschritt verlegt ein Stück dieser äußeren Regelungen nach innen. Damit entstehen fraglos neue Freiheiten, aber auch neue Gefahren, die die seelische Balance von Kindern wie auch Erwachsenen beeinträchtigen können, indem sie schon kleine Einschränkungen als unerträgliche Frustrationen erscheinen lassen.

Wenn sich jeder Wunsch gebärden darf wie ein lebensnotwendiges Bedürfnis, das auf Erfüllung dringt, und, sekundiert von der Werbung, die dazu anhält, das Überflüssige notwendig zu finden, wird es zur entscheidenden Herausforderung für ein Kind, seine echten Bedürfnisse spüren und ausdrücken zu lernen. Da liegt ein Schlüssel für die Entwicklung eines selbständigen, individuellen, kreativen Menschen. Erfüllte Bedürfnisse nach Geborgenheit, Liebe und Aufmerksamkeit stärken Kinder, um auch einmal gegen den Strom zu schwimmen, und können sie überdies ganz gut imprägnieren gegenüber den Verheißungen der Warenwelt. Unerfüllte Bedürfnisse hingegen stimulieren den Konsum von Ersatzbefriedigungen schon ganz früh: „Immer, wenn ich Bonbons esse, bin ich nicht mehr traurig." Auch für seine Fähigkeiten im Umgang mit Geld und Konsum hängt viel davon ab, dass ein Kind den Unterschied zwischen echter und ersatzweiser Befriedigung kennen lernt.

Diese Übung ist alles andere als leicht, wie auch Erwachsene gut wissen, denen beim Blättern in Versandhauskatalogen, Betrachten von Schaufenstern oder bei den Klängen einer bestimmten CD unweigerlich durch den Kopf schießt: Das muss ich haben. Kindern geht es nicht anders. „Ich muss die neue Pokémon-Edition unbedingt haben", beteuert der Zehnjährige und springt vor Aufregung auf und ab. „Bitte, Mama, bitte bitte. Paul hat sie schon und alle anderen in meiner Klasse auch", drängt er. „Bitte Mama. Ich brauch sie wirklich." Spontan möchte man ihm glauben, dass es dringend ist, so wie er fleht und bettelt und seine Stimme immer höher schraubt. Aber handelt es sich um ein Bedürfnis? Geld für etwas auszugeben, das man sich so sehr wünscht, macht zweifellos Spaß und hebt die Stimmung. Aber Eltern tragen auch die Verantwortung dafür, ihren Kindern beizubringen, dass Wünsche und Bedürfnisse sich verschieden anfühlen und die Befriedigung eines Bedürfnisses an erster Stelle steht, die Erfüllung eines Wunsches jedoch getrost auch einmal verschoben werden kann, ohne dass deshalb gleich die Welt untergeht – ein kleiner, aber fundamentaler Baustein für die innere Unabhängigkeit, der den Freiraum eröffnet, wählen zu können. Und das ist etwas ganz anderes als in Abhängigkeit von äußerlichen Konsumanreizen zu geraten und sein ganzes inneres Wohl und Wehe von dem Erwerb bestimmter bunter Dinge aus der Warenwelt bestimmen zu lassen. Schon die Worte, die wir wählen, um dem Drang, etwas haben zu wollen, gehörigen Ausdruck zu verleihen, sind verräterisch: Brauchen Sie ein Stück Schokolade oder haben Sie einfach Lust, etwas zu naschen? Brauchen Sie das neue Buch, von dem jetzt alle schwärmen, oder wollen Sie es einfach nur lesen? Brauchen Sie die schicke Wildlederjacke oder haben Sie nur

Lust, sich mal wieder ein bisschen flotter anzuziehen? Wie Eltern die Worte „wünschen" und „brauchen" einsetzen, vermittelt Kindern Orientierung über die Wertigkeit all der notwendigen oder überflüssigen Begehrlichkeiten, mit denen sich schließlich auch Erwachsene herumschlagen müssen. Daran lässt sich leicht anknüpfen und ganz nebenbei vermitteln, dass es immer mehr Wege als nur den einen gibt, doch jetzt sofort zuzugreifen.

6. Kapitel
Inventur im Kinderzimmer

Früher war nicht alles besser – nur anders

Die fünfjährige Martha hat Geburtstag – der große Augenblick naht: „Die Mutter überreichte jedem der beiden Mädchen ein kleines Päckchen. Mit eifrigen Fingern rissen sie das Papier auf – und wunderbar, es war eine breite rote Haarschleife für jede von ihnen. Nein, das wurde ein Jubel in dem Mädchenbett! Sie legten sich auf den Rücken und strampelten mit den Beinen unter der Decke, als wären es Speichen in einem Rad. Das war ein schönes Geschenk, ein unvergleichliches Geschenk." Philipp kann's nicht fassen: Eine Haarschleife als Geburtstagsgeschenk? Und im Jahr davor ein Taschentuch? Und sonst nichts?", fragt er ein ums andere Mal nach. Seine Oma, die ihm gerade diese Episode aus „Die Langerudkinder", dem Klassiker ihrer eigenen Kinderzeit in den 30er Jahren, vorgelesen hat, weidet sich geradezu an seinem ungläubigen Staunen. Gesprächsstoff haben die beiden jetzt zur Genüge: Oma erzählt von ihrer heißgeliebten Puppe Ursula mit den langen Haaren, die sie sich so sehnlich gewünscht hatte, von den Rollschuhen, um die sie andere Kinder beneidet hat und die sie nie bekam, von ihren drei Geschwistern, mit denen sie sich ein Spielzimmer teilte. Puppenecke, Schaukelpferd, fünf oder sechs Bilderbücher, kein einziges Puzzle, drei Quartetts, ein paar Brettspiele, viele Bauklötze, drei Autos für die Jungs und für jedes Mädchen zwei Puppen – „das war's eigentlich". Nicht gerade viel, was Oma und ihre Geschwister an Spielzeug hatten, findet Philipp. Mit großen Augen hört er zu, als Oma weiter aufzählt, was sie alles nicht hatten: keinen Fernseher, erst recht keinen Computer, keine Hörspiel- oder

Musikkassetten. Und auch kein Fahrrad. Den Roller, das Drei-rad und den Schlitten teilten sie sich zu viert, genauso wie die „vielleicht zehn oder zwölf Buntstifte im Blechkasten, die wir bis zum Stumpf runtergeschrieben haben. Und wehe, es fiel einer runter." Von Omas Geschichten kann er gar nicht genug kriegen. Immer wieder muss sie ihm von früher erzählen. Mit Papier geklebt haben sie damals schon gerne, sagt Oma, „genau wie ihr auch". Aber Tesa-Film habe es nicht gegeben. „Aber wie habt ihr dann geklebt?", fragt Philipp. „Na, wir haben uns aus Mehl und Wasser Kleister zusammengerührt." Oma gerät jetzt richtig in Fahrt: „Limonade haben wir auch nicht gekriegt. Also haben wir uns aus Natron und Essig selber Bitzelwasser ge-macht. Und Karamelbonbons haben wir uns heimlich aus Zucker gekocht, weil wir keine bekommen haben." – „Boah," Philipp ist echt beeindruckt. „Und weißt du, was wir auch nicht hatten", trumpft Oma jetzt auf: „Langeweile."

Mangel, nagende Sehnsucht und glühender Neid auf die Be-sitztümer anderer Kinder, aber auch die unbändige Freude über die Erfüllung eines Herzenswunsches, aber auch durch Mangel stimulierter Erfindungsgeist sind Erfahrungen, die den meisten Kindern heute, jedenfalls wenn es um Spielzeug geht, weitge-hend unbekannt sein dürften. Und wir lieben sie ja auch viel zu sehr, um ihnen das wirklich wünschen zu wollen. Anders ist das mit Langeweile, Unlust und Gleichgültigkeit – mit dem ganzen Spektrum an Verstimmungen, das die Umgebung manchmal gleichförmig reizlos, gestaltlos und unstrukturiert erscheinen lassen, machen viele Kinder schon früh Bekannt-schaft. Dinge, Aktivitäten und Ereignisse in schneller Folge können den eigenen Antrieb überschwemmen. Kinder werden überladen: nicht ein Kaugummi, sondern gleich die ganze Packung, nicht eine Sportart, sondern mehrere, nicht ein Kurs, sondern mindestens zwei, Spielzeug gibt es immer gleich in Serie, kurzweilige oder lehrreiche Unternehmungen jagen sich – nicht nur an den Wochenenden, Ferien und Feiertagen in der Familie, sondern auch in Kindergärten und Schülerläden. Heute

114

Kino, morgen Puppentheater, übermorgen ein Museumsbesuch und am Freitag ist sowieso immer Ausflugstag. Die Diktatur des „Und jetzt" wird zum atemlosen Taktgeber zwischen den sorgsam arrangierten Erlebnissen, sie begräbt das gemächliche Fließen der Zeit, den Rhythmus von einstimmender Vorfreude, Erlebnis und dem ruhigen Ausklang des Erlebten. Kinder im Angesicht des wechselnden immer Neuen kommen nicht mehr zu sich selbst. Sie können in ihrem Innersten nicht mehr nachforschen, was ihnen Spaß machen würde. Aber sie können lernen, Langeweile nicht immer nur mit Konsum zu entkommen.

Vom Überfluss zum Überdruss

Der Zusammenhang zwischen Überfluss und Überdruss im Wohlstand ist offensichtlich, alltäglich und bisweilen schwer erträglich. Angesichts des sich langweilenden Kindes entwickeln Eltern dann hektische Betriebsamkeit – das ewig unzufriedene, nörgelnde und fordernde Gör bringt seine gereizten Eltern im Nu auf die Palme: Abhilfe tut not, wenn das Quengeln nicht verstummen will, damit man bloß nicht aus der Haut fährt. Und Möglichkeiten, Missstimmungen zuzudecken, stehen in Hülle und Fülle allzeit bereit. Die kleine Aufmunterung in Gestalt eines Stückchens Schokolade, die kurz angebundene Anregung, doch den neuen Legobagger aufzubauen, der listig geäußerte Wunsch, genau jetzt ein schönes Bild vom Kind gemalt zu bekommen, die barsche Aufforderung, jetzt doch mal schön zu spielen oder, na gut, wegen mir, den Fernseher anzuschalten – schier unendlich sind die Möglichkeiten, das Kind mit Ablenkungen, Aufgaben und Vorschlägen einzudecken, damit es seinen Mangel nicht spürt und uns nicht darunter leiden lässt, denn sonst würden wir vielleicht selbst unsere eigene abgrundtiefe Langeweile und bohrende Unzufriedenheit spüren. Kinder sind in den Alltag der Erwachsenengesellschaft voll miteinbezogen, aber sie haben längst noch nicht all die Verdrängungsmechanismen zur Verfügung, mit denen die Älteren sich ihre Welt erträglich machen. Sie langweilen sich schamlos inmitten des Überflusses und legen, wenn die Forderungen nicht abreißen, den Finger auf die Wunde, die einen Widerspruch bezeichnet: Einerseits werden heute sehr viel mehr als früher die Bedürfnisse von Kindern berücksichtigt und ihre persönlichen Gestaltungspotentiale anerkannt. Eltern ringen um die richtige Mischung aus Strenge und Gewährenlassen, wollen fördern und fordern, aber nicht disziplinieren und reglementieren. Traditionelle Zwänge sind weit gelockert, gegenseitige Toleranz als Zielgröße beherrscht das Geschehen. Feste Regeln, Gebote und Verbote müssen schon gegenüber Kindern gerechtfertigt und ausgehandelt werden. Im Alltag heißt das häufig Hü und Hott, der pädagogische Zickzack-Kurs entwickelt eine ganz eigene Dynamik, die beträchtliche Aggressionspotentiale freisetzt, wenn unterschiedliche Interessen aufeinander prallen. Andererseits werden viele Kinder bei der Aneignung und Verarbeitung ihrer Lebenswelt völlig allein gelassen. Die einfühlsame Unterstützung und Anleitung fehlt – auch wenn es darum geht, in der Angebotsvielfalt den richtigen Kurs zu halten. Es ist immer leichter, Missstimmungen zuzudecken, als sie sozusagen aus sich selbst heraus einer Lösung zuzuführen.

Der Erfolg dieser Bemühungen bleibt deshalb meist aus, wie Eltern wissen. Also verdoppeln sie ihre Anstrengungen, die Lücken zu füllen, in denen das Gespenst der Langeweile nisten könnte – und schaffen noch mehr Spielzeug herbei, feilen noch stärker am Wochenendprogramm und wappnen sich für den sehr wahrscheinlichen Fall, dass eine schlechte Laune die Situation trübt. Damit kehrt bestenfalls vorübergehend Ruhe ein, doch der erhoffte Stimmungsumschwung wird sich nicht einstellen. Anders steht es mit dem Aushalten der schlechten Stimmung. Schließlich kommen sie unvermeidlich vor, die Momente, in denen nichts richtig Spaß macht und einem alles fade erscheint, und auch ein im Prinzip gelungenes, unbeschwertes und reiches Kinderleben kennt öde Stimmungen. Sie aushalten zu lernen, ist der erste Schritt, erspüren und erfahren zu lernen, mit welchen Betätigungen sich Stimmungen verändern lassen, ein zweiter. Musizieren, in ein Buch eintauchen, ein Gang durch die frische Luft, und manchmal befriedigt auch eine Arbeit, die erledigt werden muss – Stimmungen aus eigener Kraft wandeln zu können, ist eine wertvolle Erfahrung, die Kinder nicht machen können, wenn ihnen die Krücke Konsum allzu schnell angereicht wird.

Spielzeug und das Zeug zum Spielen

Die Regale ganz normaler Kinderzimmer haben es in sich: Sie biegen sich unter der Last der Kuscheltiere, Barbie-Puppen, Playmobil-Piratenschiffe, Polly-Pocket-Schlösser, Lego-Raumstationen, sie ächzen unter dem Gewicht der aufgestapelten Kartons mit Puzzles und Spielen. Unübersehbar angeschwollen ist auch das Strandgut von zahlreichen Kindergeburtstagsfeiern, die Trostgeschenke, Mitbringsel und Super-Sonder-Überraschungen. Inmitten dieses Überflusses hockt der Gebieter über all diese Schätze – manchmal gelangweilt, häufig missmutig und sichtlich angespannt. Das „Nun spiel doch mal schön", seiner Eltern noch im Ohr, wandern seine Augen über Legionen von Bilderbüchern, von denen viele erst ein einziges Mal betrachtet wurden. Achtlos liegen Hörspielkassetten auf dem Boden, dazwischen der Inhalt der großen Lego-Kiste verstreut. Die vielen Puppen, ungekämmt, namenlos und nur halb angezogen, lungern wie Landstreicher in der Ecke des Kinderzimmers herum. Mal ehrlich – das meiste von all diesem Kinderzimmerzubehör würde man am liebsten loswerden. Aber es war doch teuer, es steckt viel Arbeit drin oder ist so gut gemeint gewesen. Weiterverschenken wäre zwecklos, andere Familien haben selbst zuviel von all diesem Kram, der ständig im Weg ist, den

Blick verstellt und die Bewegung hemmt. Kinder haben zuviel, und das meiste davon doppelt und dreifach. Was hält den Blick? Welcher Gegenstand bringt die Augen zum Leuchten? Was gibt es hier zu tun, wo schon alles getan ist? Oder, wie Fünfjährige es ausdrücken würden: „Was soll ich denn spielen?"

Mit Omas Welt, in der ein unerfüllt gebliebener Traum von einem Paar Rollschuhe lange nagt und das Wunderbarste eine einzige und einzigartige Puppe mit langen Haaren ist, hat das alles nichts mehr zu tun. Erst recht weit weg hat sich das Aufwachsen in der Wohlstandsgesellschaft entfernt von einer eher ärmlichen Kindheit im ländlichen Norwegen zu Beginn des letzten Jahrhunderts, wie Marie Hamsum sie in ihrer stark autobiografisch geprägten Erzählung von den Langerudkindern erzählt. Doch schon Omas Rückblick auf ihre eigene Kindheit verklärt den Blick auf rare Spielsachen, die aber, im Gegensatz zu den Halden von heute, „uns noch etwas bedeutet haben".

Das Bedürfnis danach, Ballast abzuwerfen, auszumisten und den Verzicht, wenn nicht zu vollenden, doch zu üben, ist nicht neu, aber sie gewinnt an Überzeugungskraft. Fasten, aussortieren, reduzieren – das künstliche Verknappen und die Simulation des Mangels mitten im Überfluss zur Befreiung des Kopfes und der Sinne bezeichnet eine Philosophie des Genusses, keine der Beschränkung. Die „Sieben Wochen ohne"-Kampagne der Kirchen in den 80er Jahren machte sich stark für ein Aussetzen im besinnungslosen Konsum, heute hat die freiwillige, aber konsequente Beschränkung viele Kreise gezogen. Minimal Art in der Malerei, Literatur und Musik, Minimalismus in der Architektur, die Stille von John Cages in viereinhalb Minuten durchkomponierter Pause.

In Eliteschulen und Oberschichtfamilien ist die Simulation von Mangel immer schon ein leitendes Erziehungsprinzip für den Nachwuchs gewesen. Wer sich auf den Lorbeeren der Eltern ausruht, auf Reichtum und Status, in den er hineingeboren ist, würde als Unternehmer scheitern, so viel war als Erziehungscredo gewiss.

Kindheit zwischen Lebenswelt und Lego-Themenpark

Kindheit ist heute in vieler Hinsicht anders als früher: Einerseits wachsen die meisten Kinder unserer Tage unter existentiellen und materiellen Gesichtspunkten betrachtet in Lebensumständen heran, die in der bisherigen Geschichte einmalig günstig sein dürften. Die Bilanz des letzten Jahrhunderts liest sich durchweg positiv: die Kinder- und vor allem der Säuglingssterblichkeit enorm zurückgegangen; eine Entwicklung, die wiederum mit der besseren Ernährung, besseren Wohnbedingungen, der medizinischen Versorgung, der allgemeinen öffentlichen und privaten Hygiene in Zusammenhang steht. Auf der anderen Seite werden aber viele Kinder, was ökonomische Benachteiligung, was drohende Armut und vielerlei Gefährdungen angeht und auch was ihr subjektives Wohlbefinden in sozialer, psychischer und körperlicher Hinsicht betrifft, vernachlässigt.

Die Kindheit als eigenständige und schutzwürdige Lebensphase für heranwachsende Menschen, die ihre eigenen Bedingungen benötigen, um ihre Persönlichkeit reifen zu lassen, löst sich auf. Viele Kinder stehen unter dem Druck einer leistungsorientierten Früherziehung und eines harten Wettbewerbes um die besten Ausgangssituationen in der Schule. In immer mehr Leistungs- und Lebensbereichen wird kaum noch zwischen dem Status von Erwachsenen, Jugendlichen und Kindern unterschieden. Zum einen nähern sich die schulischen Lernbedingungen den Vorgaben der modernen Arbeitswelt, zum anderen gleichen sich die kindlichen an die jugendlichen und erwachsenen Freizeitbeschäftigungen an. Der Markt für Spielzeug spiegelt diese große gesellschaftliche Veränderung wider: Die Kindheit endet heute früher, etwa mit 12 Jahren. Das beste Alter für klassisches Kinderspielzeug sinkt; für über 10-Jährige zum Beispiel ist das Puppenhaus out. Und auch die Eltern sind nicht mehr überzeugt davon, dass sich die Welt im Rollenspiel der Puppenhausbewohner besser begreifen lässt als im Nintendo-

Labyrinth oder beim Lernspiel am Computer. Nach dem 11. oder 12. Geburtstag wird es für klassisches Spielzeug schwer, gegen die Konkurrenz von Handys, Unterhaltungselektronik und Markenklamotten zu bestehen. Aber auch die Erwachsenen werden kindlicher; sie spielen fast mehr als ihr Nachwuchs – am Computer und auch mit ehedem klassischem Kindergerät, das heute trés trés trendy daherkommt. Erwachsene Männer, die auf Inlinern (vormals Rollschuhe) oder Kickboards (vormals Tretroller) ins Büro huschen, fallen im Straßenbild kaum noch auf.

Die Kluft zwischen den Generationen schwindet im Bereich des Konsums besonders rasch, wo Kinder, kaum dass sie als potentielle Kunden mit Marktmacht erkannt werden, umworben werden wie andere erwachsene Kunden auch. Werbespots von Automobilherstellern werden genauso selbstverständlich an Kinder adressiert wie Süßigkeiten oder Spielzeug Erwachsene anspricht oder Versicherungskonzerne sich auf (vor)sorgende Eltern, Großeltern oder andere zahlungskräftige Verwandte kaprizieren. Erwachsene und Kinder dienen gleichermaßen als Zielgruppe für Kaufimpulse, die Marktstrategen geschickt und in genauer Kenntnis der jeweiligen Bedürfnislage ihrer Zielgruppe zu plazieren wissen.

Sind Kinder heute Gewinner oder Verlierer?

Die meisten Kinder können heute in fast gleichem Ausmaß wie Erwachsene die Vorteile einer reichen Wohlstandsgesellschaft genießen; sie sind mit Geld und Gerät gut ausgestattet. Aber sie bekommen auch die Nachteile der modernen Lebensweise zu spüren – Kinder zahlen einen hohen Preis für die fortgeschrittene Industrialisierung, Urbanisierung, Kommerzialisierung und Individualisierung des täglichen Lebens, der sich in neuartigen körperlichen, seelischen und sozialen Belastungen ausdrückt.

Kinder reagieren mit geschwächten Abwehrkräften auf das ge-
sundheitsgefährdende Umfeld des Wohlstands. Die hohen Quo-
ten von Straffälligkeit, Kriminalität und aggressivem Verhalten
von Kindern und Jugendlichen sprechen hier eine ebenso deut-
liche Sprache wie die Zunahme des Alkohol- und Drogenkon-
sums, des Medikamentenmissbrauchs, der Fehlernährung, des
Unfallverhaltens, die hohen Werte der Verbreitung von psychischen Auffälligkeiten und Störungen. Die steigende Quote von
versuchten und vollzogenen Selbstmorden sowie der hohe und
wachsende Anteil von psychosomatischen Beschwerden und
chronischen Krankheiten spiegeln hohe Anforderungen, vor die
Kinder heute gestellt sind. Kindheit heute bedeutet auch, in
ungesicherten sozialen Bindungen aufzuwachsen, in einer
Wettbewerbsgesellschaft zu leben, in der allein die individuelle
Leistung zählt und in einer Freizeitwelt aufzuwachsen, die
von Konsum und kommerzieller Konkurrenz geprägt ist. Der
schwindende Abstand zwischen den Generationen hat auch
die Wände des Schonraums Kindheit durchlässig gemacht.

Die ehemals krassen Unterschiede zwischen armer und reicher, adeliger, bürgerlicher, proletarischer, städtischer und länd-
licher, männlicher und weiblicher Kindheit sind am Beginn des
21. Jahrhunderts zwar nicht vollständig aufgehoben. Immerhin
gibt es aber auch heute noch eine „neue Armut" von Kindern
in Deutschland, wo jedes siebte Kind von der Sozialhilfe lebt
und mit materiellen Entbehrungen in einer materiell orientierten Welt fertig werden muss. Doch die großen Unterschiede
von einst sind durchaus aufgeweicht, was auch ein Blick auf die
verschiedenen Kinderzimmer illustrieren kann, die sich doch
weniger unterscheiden, als die Einkommensunterschiede zwischen den Eltern vermuten lassen könnten. Ikea-Spielzeug,
gewachste Hochbetten aus stabilem Holz oder der ganze kindliche Fuhrpark vom Bobby-Car übers Dreirad bis zum Mountainbike sind längst nicht mehr nur das Privileg gut bestallter
Architekteneltern, sondern füllen genauso die Kinderzimmer
im Sozialhilfeempfängerhaushalt – auch wenn da, wo bei den

Architekteneltern der Garten liegt, bei jenen die nächste Wand anfängt. In punkto Kleidung gilt dasselbe: Von der schicken oilily-Latzhose der kessen 11-Jährigen auf das Einkommensniveau ihrer Eltern zu schließen, geht fehl. Sinkende Massenkaufkraft allenthalben verliert für Hersteller von Spielzeug, Süßwaren und Markenkleidung angesichts des Kaufverhaltens von Familien, einer „bemerkenswert konsumfreudigen" Nachfragergruppe, ihren Schrecken: Am Kind wird offenbar erst zuletzt gespart, fasst die Kinder-Verbraucher-Analyse für die fraglichen Branchen zusammen.

Auch Eltern und Kinder stehen heute anders zueinander als noch vor hundert Jahren: Eltern geben den Stress aus der Erwachsenenwelt, den sie selbst in Beruf und Partnerschaft erleben, unmittelbar an die Kinder weiter. Kinder sind als Statussymbol gefordert, als Partnerersatz, als Vertraute und sogar als Ersatz-Ich gefragt, obwohl sie mit diesen Rollen entwicklungsmäßig überfordert sind – genauso wie sie übrigens mit der Attitüde des mündigen, kritischen Konsumenten überfordert sind, die ihnen das Werbegewitter andient. Nahezu alle Merkmale, die eine durchschnittliche Kindheit von heute formen, können als Einfallstor für Konsumverheißungen der bunten Warenwelt fungieren, weil sie so überaus geschickt individuelle Mängellagen und Entbehrungen aufgreifen und Abhilfe allein auf materieller Basis versprechen. Die unmittelbare Umgebung, in der Kinder heute aufwachsen, hat sich durch die Verstädterung und die immense Zunahme des Straßenverkehrs drastisch verändert. An den meisten Orten, wo Kinder wohnen, ist es viel zu gefährlich, auf der Straße ohne Aufsicht zu spielen – eine Entwicklung, die unmittelbar auf die als angemessen empfundene Ausstattung der Kinderzimmer zurückschlägt.

Wenn rund ums Haus der Verkehr tobt und freie, unbebaute Flächen, Brachland, Trümmergrundstücke, die sich dem Erlebnis- und Tatendrang von Kindern öffnen, verschwunden sind, ist es allemal sicherer, im Haus zu bleiben. Nicht der geringere Teil der Kinder erlebt abenteuerliche Streifzüge durch die Umgebung, spannende Detektivjagden oder vergnügte Entdecker-freuden eher vor dem Fernseher als im wirklichen Leben. Straßen und Plätze sind keine Orte mehr zum Spielen. Stattdessen sind spezielle Räume geschaffen worden, die den raumgreifenden Tatendrang des Nachwuchses einfrieden: Spielplätze, Sportplätze, Freizeitheime und viele Einrichtungen kommerzieller Anbieter halten Kinder auf ausgetretenen Pfaden – auf durchstrukturierten Flächen und in Räumen, die vorfabrizierte Aneignungsmuster verbreiten. Ohne den ehrenwerten Einsatz von Elterngruppen und Stadtteilinitiativen für die Renovierung des heruntergekommenen Spielplatzes im Viertel schmälern zu wollen – aber es handelt sich um Orte, die keineswegs Kinder sich selbst erschlossen haben, sondern die lediglich auf die Bedürfnislagen und Interessensstrukturen von Kindern zugeschnitten sind, ganz ähnlich wie die Werbespots, die sie zwar mögen, aber die für ihre eigenständige Entwicklung nichts beitragen können.

Kinder leben heute eigentümlich eingekapselt; von einem Ort zum anderen zu Fuß oder mit dem Fahrrad allein, ohne wachsames Auge eines Erwachsenen zu gelangen, scheint vielerorts unmöglich. Und doch sind sie ständig auf Achse: Viele Eltern leben getrennt, und gleich zweimal irgendwo zu Hause zu sein, ist für viele Kinder Standard: Blitzreisen, Wochenendbesuche, Kurzurlaube bringen auch im Bereich der Beziehungen eine Art Zappen hervor – kurze Trips hier oder dorthin im Gegensatz zu den jahrelangen Nachbarschaften, die frühere Generationen lebten und pflegten.

Auf lange Sicht werden sie immer weniger: Der Anteil von Kindern an der Gesamtbevölkerung ist im Laufe des 20. Jahrhunderts von 30 Prozent auf die Hälfte gesunken. Immer weniger Kindern wird immer mehr pädagogische Aufmerksamkeit zuteil, neben den begrüßenswerten Aspekten, die diese Entwicklung für Einzelne auch hat, ist die Tendenz zur frühstmöglichen Maximalförderung bis hin zu einer Überversorgung der Kinder mit pädagogischem Expertenwissen, fürsorgerischer

Maßnahmenkataloge und Rundum-Betreuung unübersehbar. Auch diese Entwicklung reflektiert der Markt für Kinderprodukte gewissermaßen. Im alten Streit der Erziehungsexperten, ob Spielzeug lehrreich, nützlich oder unterhaltend sein soll, gewinnt in den letzten Jahren die zukunftsorientierte Unterweisung wieder die Oberhand. Viel ist beim Verkaufen von Malutensilien, Bastelzubehör und Puppenbedarf wieder die Rede von Kreativität, Sozialkompetenz und kindlicher Wissbegierde und davon, wie wichtig diese Fähigkeiten später im Berufsleben sind. Es gibt das Mausklicktraining für den Kindergarten, sprechende Bären, die Windelträgern Buchstaben und Zahlen nahe bringen, und in jedem Kaufhaus steht eine große Zahl durchaus erschwinglicher Lerncomputer bereit. Die Werbung für diese Produkte kultiviert einen milden vorwurfsvollen Unterton, dessen Aussage doch ins Schwarze trifft. Wer brächte es schon übers Herz, seinem Kind schon die berufliche Zukunft verbauen, indem er ihm das falsche Spielzeug kauft? Auf diesem Ticket reist sogar noch allerhand Trash aus den weiten Niederungen des offensichtlich Überflüssigen – ganz wie der bis ins kleinste Detail nachgebildeten Miniatur-Puppenküche das Etikett „pädagogisch wertvoll" einen gewissen Bildungswert anhängt, dichtet der Aufkleber „interaktiv" noch der letzten brabbelnden Plastikpuppe zukunftsweisende Spielqualitäten an.

Auf Kinder wird in großem Umfang pädagogisch eingewirkt, damit schrumpfen aber auch deren Spielräume für Eigensinn und Initiative, Verantwortung und die Möglichkeit, eigene Erfahrungen machen zu dürfen – gerade die Betätigungen, die für ein gesundes Selbstwertgefühl, das erst noch wachsen will, unerlässlich sind. Kinderjahre sind stark durchstrukturiert. Von den Eltern kontrollierte und gelenkte Kinderfreundschaften gehen über in altersgleich zusammengefasste Gruppen vom Kindergarten bis zur Schulklasse. Die Annäherung von Kinder- und Erwachsenenwelt zwängt auch Kinder in ein Zeitkorsett. Arbeitsrhythmen, Terminzwänge, Telefonabsprachen, sogar die Weiterbildung nach Feierabend in Gestalt von allem möglichen an Kursen, die Kinder neben der Schule und auf Kosten der Freizeit absolvieren, lassen keine Zeit, in Ruhe aufzuwachsen. PEKIP-Kurse und Babyschwimmen, Kinderturnen und Musikschule, Malkurs, Reiten, Zahnregulierung, und wenn man sich mal einfach so ganz spontan mit einem Freund verabreden will, wird es kompliziert. Denn dann gilt es zwei Terminkalender zu koordinieren. „Mehr Zeit zum Spielen" steht nicht ohne Grund auf der Wunschliste von Grundschülern ganz oben. Ihrem eigenen Rhythmus entspricht etwas ganz anderes als der tägliche Parcours aus festen Terminen: die gedehnte, die geschrumpfte, die erfüllte Zeit, ja auch mal die Stille und selbst die Langeweile, im Ganzen die erlebte und frei ausschwingende Zeit.

Hinzu kommen die allgegenwärtigen Medien, die mit Macht kindliche Wahrnehmungsstrukturen noch im Entstehen schleichend verändern. In einem nie gekannten Ausmaß wachsen Kinder heute in virtuellen, vermittelten und nicht mehr unmittelbar selbst erlebten Zusammenhängen heran; die Wirklichkeit aus zweiter oder dritter Hand hat das Original bald verdrängt oder droht wenigstens, es unkenntlich zu machen. Im Lichte der Bilderflut verschwimmen Echtheit und Künstlichkeit, verwischt der Unterschied zwischen Realität und ihrer Wiedergabe. Virtueller Ersatz für wirkliches Leben? Das Gespenst, das pädagogische Aufgeregtheit heraufbeschwört, ist vielleicht gar keines. Audiovisuelle Medien simulieren Wirklichkeit und zwischenmenschliche Teilhabe, sie überwinden die räumliche Distanz und Ortsgebundenheit, ermöglichen Teilhabe, ohne Anwesenheit vorauszusetzen. Das sind die technologischen Voraussetzungen für die von Kindern geglaubte Behauptung, mit Comicfiguren kämen gute Freunde ins Haus oder mit virtuellen Clubmitgliedschaften sei man nicht mehr allein.

Aus lauter Liebe alles geben?

Wohlstand und Annehmlichkeit prägen das Aufwachsen vor allem in gutsituierten Elternhäusern und bieten einen Schutzraum für die optimale persönliche Entfaltung. Mehr noch: Kinder haben für ihre Eltern heute im Allgemeinen einen hohen emotionalen Wert. Sie sind nicht mehr in den harten Existenzkampf und damit unmittelbar in den Arbeitsalltag ihrer Eltern eingebunden. Anders als noch am Beginn des 20. Jahrhunderts müssen Kinder heute kaum noch zum Haushaltsbudget beitragen, ökonomisch gesehen sind sie, auf der Einkommensseite jedenfalls, nutzlos und erscheinen sogar als „Armutsrisiko" in einschlägigen Statistiken und Meldungen. Der Nutzen von Kindern hat sich auf andere, überwiegend emotionale Bereiche verlagert. Eltern sehen in ihren Kindern oftmals die Sinnerfüllung ihres eigenen Lebens, was sich in dem leidenschaftlichen Wunsch äußert, sie glücklich zu machen, ihnen alles zu geben. Dagegen fallen andere Ziele, die sich frühere Generationen auf die erzieherische Fahne schrieben, ab. Sie zu erziehen, sie gesund zu halten, ihnen Bildung angedeihen zu lassen und Wissen zu vermitteln, stellen zwar auch heutigen Eltern keineswegs hintan. Aber das erfüllte Glück im Augenblick ist zur wahren Herzensangelegenheit geworden. Sie aufs Leben vorzubereiten, sie abzuhärten, ihnen die Arbeit an sich selbst abzuverlangen, aus den Jungen und Mädchen Männer und Frauen zu machen, die den unweigerlich eintreffenden Zumutungen, Schicksalsschlägen und Entbehrungen gefasst und mit den notwendigen Fähigkeiten begegnen können, ist ein unpopuläres Ziel. Sie sollen ein gutes Leben haben und glücklich sein, und zwar jetzt gleich, hier und jetzt. Und vor allem sollen sie im Materiellen nichts entbehren. Wir selbst verwechseln ja auch immer häufiger Geld und Glück miteinander, da liegt es nahe, für das Glück der Kinder viel Geld auszugeben. Natürlich werden sie uns nicht direkt ins Gesicht sagen, dass sie die Spielzeuglawine gründlich satt haben, die ihnen Gegenstände ins Zimmer rollt, die ihnen alle Welt als unentbehrlich anpreist und die sie mit unserem Geld noch mehr anschwellen lassen. Aber sie zeigen, was sie davon halten, überschwemmt zu werden – mit Langeweile und aggressivem Überdruss, mit höflicher Gleichgültigkeit, aber auch mit eigenen Ideen. Gar nicht so selten und ohne großes Aufheben davon zu machen, zeigen Kinder, wie wenig sie brauchen, um viel Spaß zu haben: Sie kicken begeistert mit einer alten Blechdose oder einem eingedellten Tennisball am Straßenrand, während sich zu Hause die teuren Fußbälle stapeln. Sie bauen sich aus Schilf und Stöckchen einen Katamaran und lassen den komplizierten Modellbausatz der Gorch Fock links liegen. Sie bauen sich aus Bonbons und Bauklötzen die Bande einer Rennbahn zusammen, in dem das Rennauto seine Bahnen zieht und lassen den extra für diesen Zweck gekauften Spiel-Teppich, auf dem das Straßennetz einer mittelgroßen deutschen Stadt maßstabsgetreu abgebildet ist, damit der Vierjährige schön darauf seine Autos fahren lassen kann, links liegen. Wahrhaft heilige Momente im Konsumzauber, der die Kindheit längst erfasst hat.

Die Sehnsüchte unserer Kinder richten sich vielleicht auch gar nicht mehr auf Spielzeug, sondern darauf, dass ihre Eltern sich nicht trennen oder mehr Zeit für sie haben, auf einen lebendigen Hasen im Stall auf dem Balkon, einen Garten oder Schnee zu Weihnachten. Eine Situation des materiellen Mangels, die lehrt, die allereinfachsten Spielsachen hoch zu schätzen, werden die allermeisten Kinder vermutlich nicht erleben – und das hoffen wir ja auch mit den besten Absichten für ihre Zukunft. Sie haben es gut in ihren reich ausgestatteten Kinderzimmern und besser als die meisten Kinder in den meisten Ländern der Erde. Und sie haben es besser als ihre eigenen Eltern, jedenfalls haben wir uns angewöhnt, das so zu sehen. Angesichts der Fülle dessen, was ein Mittelstandskind heute umgibt, ist man fast geneigt, von den 60er und 70er Jahren als karge Zeit zu denken: nur zwei Sorten Käse, nur Sonntags Fleisch, nur drei Fernsehprogramme, nur zwei Turnschuhe, nur ein Urlaub und kein Gameboy.

Die Kinder leben ahnungslos in der Fülle, weil sie keinen Vergleich haben. Aber sie spüren die Wirkung des Überflusses, wenn der Kitzel des Habenwollens selbst in der Parade der gereichten Präsente nicht abreißt, die Tristesse im Schlaraffenland nicht weichen will und selbst der größte Kick fadenscheinig wird, sobald man ihn nur einmal genossen hat. Eltern, die ihren Kinder in großem Stil aufwarten, decken in ihrem Eifer, fürsorglich und liebevoll und nicht zu streng zu sein, auch ihre eigenen Gefühle und Bedürfnisse zu. Eine echte Antwort bleibt den Kindern vorenthalten. Statt lebendiger Menschen, mit denen man sich in ein Miteinander begeben kann, bekommen Kinder nur ein „Ja" oder „Nein" zu Serviceleistungen. Am Ende stehen beide, fordernde Kinder und gebende Eltern, einsam und enttäuscht da. Kinder in einer solchen Situation können nur zu einem schmerzlichen Schluss kommen: Wenn meine Eltern mir alles geben wollen, was ich möchte, und mir trotzdem immer etwas fehlt, dann liegt der Fehler wohl bei mir, ich bin irgendwie verkehrt. Unausweichlich kommen die Eltern zum gleichen Ergebnis: Wir geben ihnen alles, was uns überhaupt nur möglich ist, und dennoch entwickeln sie sich unharmonisch. Wir scheinen schlechte Eltern zu sein! Das ist eine der explosivsten und destruktivsten Mischungen, die wir zwischen Eltern und Kindern kennen, schreibt der dänische Kinderpsychologe Jasper Juul: „zwei Partner, die zunehmend ihr Selbstgefühl und Selbstvertrauen verlieren und im Gegenzug Aggressionen und Schuldgefühle entwickeln".

Die Beziehung zwischen Eltern und Kindern lebt heute mehr als früher von Gefühl, Verlässlichkeit, vom Zeit lassen und Zeit geben. Konsum und Werbung sickern in diese Bindung hinein, sie können vor allem dort den Hebel ansetzen, wo diese Beziehungen brüchig und spröde geworden sind, wo es an Klarheit, Festigkeit, Herzenswärme und Miteinander, letztlich an Raum, Interesse und Zeit füreinander fehlt. Kinder reagieren mit einem Anflug von Empörung, wenn hier und dort doch mal etwas fehlt. Aber sie empfinden nicht jeden Aufschub oder Verzicht als unzumutbare Belastung, wenn der Dialog zwischen Kindern und Eltern stimmt. Eltern beantworten die angeborene Maßlosigkeit von Kindern mit künstlicher Verknappung und müssen Konsumgrenzen ziehen, wo von selbst keine sind. Keine leichte Aufgabe, die noch dazu von der Werbeindustrie so machtvoll durchkreuzt wird. In den schweren Zeiten von einst war das wirklich leichter, weil man heute aus eigener Einsicht und Kraft beschränken muss, was früher schlicht die äußeren Umstände vorgaben. In dieser Lage bleiben Eltern bei der Neuanschaffung von Spielsachen nur zwei brauchbare Kontrollfragen: Wird das Geschenk den Überfluss vermehren, der nur im Überdruss des Kindes enden kann? Und: Hätte man selbst Lust gehabt, damit zu spielen?

7. Kapitel
Geld spielt eine Rolle – in der Familie

Steter Strom und knallharte Verhandlungssache: Geld zwischen Eltern und Kindern

Kleine Hände, die nach den knisternden bunten Tüten im Ladenregal greifen, etwas später dann ein ausgestreckter Zeigefinger, der erbarmungslos auf den Turm aus Überraschungseiern deutet und flehentliche Blicke, die zwischen dem Duplo-Einsteiger-Set und Mamas Gesicht hin und her wandern, sind erst der Anfang. Schon Babys wissen genau, was sie wollen, erst recht Anderthalbjährige – Kinder können eine beeindruckende Entschlossenheit an den Tag legen, um Süßigkeiten oder Spielzeug zu bekommen, die sie haben wollen, die sie verlangen, die sie fordern. Beim ersten Anzeichen von Widerstand ziehen sie alle Register, unbeirrbar und meistens sehr laut. Neugierig heften sich im Supermarkt die Blicke der Umstehenden auf die Szene, die sich da anbahnt – und schon kauft man dem brüllenden Ayatollah das Zuckerzeug. Der Reigen ums Geld zwischen Eltern und Kindern wird früh eröffnet. Sogar schon bevor kleine Kinder dem Reiz des Habenwollens aus der Spielzeug- und Süßwarenindustrie anheimfallen, die ihre Produkte zuvorkommend in Greifhöhe platzieren, werden sie mit Geschenken und guten Gaben reichlich bedacht. Genau genommen schon bevor sie überhaupt auf der Welt sind, gibt man viel Geld für sie aus: Ab dem Tag nämlich, an dem die Einkäufe im Hinblick auf die bevorstehende Geburt eines Kindes beginnen, wird das Portemonnaie zur Achillesferse. Das Geld wird locker, wenn es von Herzen kommt. Märchenbordüren an der Kinderzimmerwand, drei Spieluhren und T-Shirts, nicht größer als ein altmodisches

Telefon – von all den süßen Sächelchen brauchen Babys zwar nur den geringsten Teil wirklich. Aber wir verausgaben uns gerne, weil wir so froh sind, das wir sie haben. Der drohende Konkurs ist häufig auch ein glücklicher, weil er freiwillig passiert. Je größer der Wunsch nach einem Kind ist, desto mehr wird man es auch finanziell verwöhnen. Spätestens zum ersten Geburtstag gibt es Geschenke zuhauf – glückliche Eltern, stolze Großeltern und vernarrte Freunde wollen sich nicht lumpen lassen und reichen Gaben über Gaben. Ihre finanzielle Macht ist kleinen Kindern noch nicht bewusst, der Wert des Geldes herzlich egal. Unbekümmert tauschen sie einen Schein für drei Münzen ein, geben ein wenig geliebtes Auto für einen Lutscher her. Sie freuen sich über selbstgestrickte Socken und sind's zufrieden, wenn ihre Eltern für sie aussuchen, was sie ihnen kaufen wollen. Das schöne Alter, in dem sie ihren Eltern mit strahlendem Lächeln für alles danken, was ihnen Freude macht, ist kurz. Es endet abrupt, wenn die Vierjährige sich weigert, die Hosen ihres Bruders aufzutragen, weil ihre Freundinnen im Kindergarten alle Kleidchen tragen und sie jetzt auch nur noch Kleidchen tragen will. Seufzend ergibt man sich ins Unvermeidliche, nimmt diese erste Bekundung eines eigenen Geschmacks für einen prinzipiell erfreulichen Schritt in Richtung Individualität – und kauft, leise gerührt, ein Kleidchen. Von diesem Moment nehmen wir hin, dass der Kauf von Klamotten – also auch das dafür ausgegebene Geld – nicht mehr dazu dient, einer Not abzuhelfen, sondern dazu, Beziehungen zu erleichtern, Hemmungen zu überwinden und Zugehörigkeit zu demonstrieren, sich einfach wohl in seiner Haut zu fühlen. Diese Einsicht hilft dabei, die wachsenden Summen zu verschmerzen, die uns die Kinder abtrotzen, um sich so zu kleiden, wie sie es für angemessen befinden.

Stetig und unaufhaltsam schiebt sich das Geld und das, was man dafür bekommen kann, in den Mittelpunkt der Auseinandersetzungen in der Familie. Was mit Süßigkeiten und Spielzeug noch vergleichsweise harmlos beginnt, weitet sich enorm schnell aus. Über das pädagogisch wertvolle Holzspielzeug, Märchenkassetten und naturgetreue Baby-Puppen im Kindergarten bis zur angesagten Turnschuhmarke, dem Schulranzen und Frühstücksdosen führt der Weg bis zu den zähen Debatten ums Taschengeld und die Finanzierung aller möglichen Extras bis hin zur Frage der Automitbenutzung durch fast erwachsene Kinder. Mit den Jahren wachsen die Wünsche und Ansprüche der Kinder, während die Gutmütigkeit und Großzügigkeit ihrer Eltern manchmal im gleichen Maße sinkt. Die Krisen häufen sich, wenn mit dem 11. Geburtstag der eigene DVD-Player, das Handy mit Vertrag oder extravagante Kleiderwünsche angemeldet werden. Das Geld kreist weiter zwischen Eltern und ihren mittlerweile erwachsenen, aber im Hypothekenstress der mittleren Jahre steckenden Kindern, die jeden Zuschuss gut gebrauchen können bis hin zur Verteilung des Erbes unter Geschwistern. Ein Leben lang zieht das Geld in den Beziehungen zwischen Eltern und Kindern eine vieldeutig gleißende Spur. Meistens verläuft sie unterirdisch: In der Familie wird selten über das Auftauchen, die Bedingungen und die Auswirkungen dieser Tauschgeschäfte gesprochen, bei denen Geld und Gefühle kräftig aufeinander einwirken. Diese komplizierten und oft konfliktträchtigen Beziehungen finden mit dem Tod der Eltern einen letzten Höhepunkt, wenn in Gestalt des zur Verteilung anstehenden Vermögens ein letztes Mal der Siegerpokal der Elternliebe unter den Geschwistern verteilt wird.

Zuwendung und Zeit

Die Worte, die mit Geld zu tun haben, enthalten tausend versteckte Anspielungen auf Dinge, die nichts mit Geld, Einkommen, Kaufkraft oder Besitz zu tun haben: Wen wir lieben, nennen wir unseren Schatz, manchmal sogar einen Goldschatz. Wenn wir uns um einen anderen Menschen sehr bemühen, investieren wir in die Beziehung. Und wenn die eines Tages in die Brüche geht, wird aufgerechnet. Dass die Worte für unser Geld und unsere Gefühle oft dieselben sind, verdankt sich mehr als nur einem semantischen Zufall. In der Alltagssprache häufen sich die Hinweise auf einen wichtigen psychologischen Zusammenhang: Geld kann für Gefühl stehen. Auch die Zuwendung, die wir uns alle wünschen, meint beides. Ob man einem Kind Geld oder Zeit zugute kommen lässt, macht allerdings einen erheblichen Unterschied für den Empfänger dieser Zuwendung aus.

„Glück ist die nachträgliche Erfüllung eines prähistorischen Wunsches", schreibt Sigmund Freud. „Darum macht Reichtum so wenig glücklich; Geld ist kein Kinderwunsch gewesen." Und da fallen einem gleich die gut betuchten Eltern ein, die ihrem Nachwuchs anstelle von Nähe, Aufmerksamkeit und Geborgenheit das x-te Kuscheltier, den größten Legokasten oder das scheußliche Traumpony mit Lurexmähne überreichen. Oder die geschiedenen Väter, denen am Besuchswochenende nichts Besseres einfällt, als vor dem Töchterchen mit dem flehenden Blick und dem Päckchen mit Barbies Traumrobe in der Hand die Kreditkarte zu zücken. Und von den Familien, in denen sich morgens keiner die Zeit nimmt, Pausenbrote zu schmieren, wo stattdessen Sohn oder Tochter zwei Mark in die Hand gedrückt bekommen, haben wir alle schon gehört. Aus Zeitmangel, Desinteresse und schlechtem Gewissen werden Kinder mit dem schnellen Griff ins Portemonnaie abgespeist und auch sonst gern abgefunden. Unser aller Lust am Kaufen lässt die Kinderzimmer vor Spielzeug überquellen. Materieller Wohlstand, aber seelische Verarmung – der sprichwörtliche goldene Käfig heißt heute Wohlstandsverwahrlosung und die Klagen darüber sind sattsam bekannt. Nichts ist billiger, als die Konsum-Kindheit von heute in grellen Farben zu schildern und den Rest in sattem Schwarz zu malen. Das Bild vom reichen, armen Kind, dessen Phantasie unter zu viel Plunder erstickt, wird mit breitem Pinsel gezeichnet. Falsch ist es deswegen noch nicht.

Schlechtes Gewissen macht gute Geschäfte

Dass die Kinder heute in den meisten Fällen kriegen, was sie haben wollen, hat einen Grund. Das Schuldgefühl der Eltern in unserer Wohlstandsgesellschaft wächst – und es wird, da darf man sich nichts vormachen, von interessierter Seite mächtig geschürt. Moderne Familienstrukturen sind enorm konsumstimulierend. Alleinerziehende, getrennt lebende Elternteile, doppelt berufstätige Eltern, berufstätige Mütter oder arbeitslose Väter – es sind beileibe nicht nur die späten Mütter, die sich bereitwillig verausgaben. Auch frischgebackene junge Eltern tragen das Portemonnaie nahe am Herzen – die Mama, die ihr Baby an fünf Tagen der Woche in die Obhut einer fremden Frau gibt genauso wie der Papa, der abends um acht nach Hause kommt, wenn die Kinder schon schlafen. Dass man Liebe nicht kaufen kann, wissen alle. Aber Mütter und Väter versuchen ein etwas weniger schlechtes Gewissen zu haben, indem sie ihre Kinder mit Geschenken überhäufen. Geld lässt sich zur Beschwichtigung einsetzen, es eignet sich auch dazu, um die Liebe der Kinder zu wetteifern, wie geschiedene Eltern jederzeit bestätigen können.

Die gefährlichsten Kaufimpulse gedeihen auf dem Boden seelischer Anspannungen. Mein schlechtes Gewissen als berufstätige Mutter, als gestresste Tochter alter Eltern, die meine Zuneigung und Anteilnahme brauchen, als nachlässige Freundin, die von ihrem Arbeits- und Familienleben so in Anspruch genommen wird, dass eine Verabredung immer unwahrscheinlicher wird – all das kommt einen teuer zu stehen. In dem Maße, in dem der Druck wächst, mehr und noch mehr Geld verdienen zu müssen, bleiben andere Dinge auf der Strecke. Und das ist die eigentliche Gefahr: vieles zu haben anstatt gut zu leben.

Wenn Kinder fordern und Eltern gehorchen, um sie glücklich zu machen, erziehen sie ihre Kinder zu einer Anspruchs- und Erwartungshaltung, der die Bodenhaftung verloren geht. Eltern haben Gewissensbisse, weil sie arbeiten, weil sie nicht genug verdienen, weil sie sich scheiden lassen, weil sie nicht genug Zeit und Nerven haben, weil sie Kinder in eine Welt gesetzt haben, die ihnen kein kindgerechtes Leben mehr bieten kann – und mit ihren materiellen Forderungen halten die Kinder sich schadlos. Die Gründe, warum Eltern darunter leiden, sich um ihre Kinder nicht genügend kümmern zu können, sind in jeder Familie verschieden und außerdem manchmal so aufgebauscht wie das legendäre Lenor-Gewissen. Jedoch münden sie in die starke Neigung, zu viel für die Kinder auszugeben, um diese vielfältigen Mängel wettzumachen. Darüber kann die werbende, produzierende und handelnde Wirtschaft sich nur freuen und tut das ja auch in Gestalt zahlloser Werbeclips, die an das schlechte Gewissen von Eltern nahtlos anknüpfen dürfen.

Seit die Menschen arbeiten und rechnen, heißt es, dass Zeit Geld ist. Und das leben Erwachsene den Kindern ja auch vor. Man kann jedoch durchaus darüber streiten, ob mit den Augen der Kinder gesehen das Geld, das man für sie ausgibt, den gleichen Wert hat wie die Zeit, die man ihnen widmen könnte. Die Verlockung ist groß, in diesem Spiel um Schuldgefühle und Zuwendung nur die Erziehungsfehler von anderen Leuten zu brandmarken. Wir setzen doch alle Liebe und Anerkennung schnell mit klingender Münze gleich, fühlen uns aufgewertet, wenn wir ein kostspieliges Geschenk in Händen halten. Wir hätten so gerne kreative Kinder, die mit drei Rosinen Vater-Mutter-Kind spielen und kaufen ihnen trotzdem ganze Groß-familien im Puppenformat. Wir sähen sie gerne bescheiden, als gegen den Wildwuchs der Wünsche gefeite Kinder, die mit Kuss und dickem Apfel frohgemut von dannen ziehen. Aber am Ende kaufen wir ihnen doch das unverschämt teure Fußballtrikot, den Gameboy Colours, den Kaufmannsladen aus naturbelasse-nem Pinienholz, bestückt mit Mini-Reproduktionen von Mag-gi-Fläschchen, klitzekleinen Konservendöschen und winzigen Nudeltütchen. Umgekippt, schwach geworden. Aber er soll sich doch freuen, der Junge. Aber sie soll ja glücklich sein, die Kleine.

136

Es liegt so nahe, den Belohnungsmechanismus in Gang zu setzen und auf diese Weise ein paar kleine erzieherische Etappensiege zu verbuchen. „Du wünschst dir dieses ferngesteuerte Auto? Ja, wenn du dir mal morgens und abends die Zähne putzen würdest, ohne dass ich dir dauernd hinterherlaufen muss, können wir darüber reden", das rutscht einem leicht heraus. „Was, den ganzen Reiterhof von Barbie hättest Du gerne? Mal sehen, wie das nächste Diktat ausfällt…" In ganz alltäglichen erzieherischen Nöten, mit der ganz normalen Inkonsequenz tragen wir manches dazu bei, damit unsere Kinder die Gleichung Geld = Liebe recht bald lernen mögen. Viel spricht dafür, dass Geld die Welt regiert und vor der Kinderzimmertür keineswegs Halt macht. Wir haben die Kinder, die wir verdienen.

Modellfall Eltern: Kinder machen sich ein Bild

Das Geld gilt in den wenigsten Familien als ein Bereich des täglichen Lebens, mit dem umzugehen Kinder lernen müssen, und eine Aufgabe, der man sich besser so rational wie möglich annimmt. Kinder erlernen den Umgang mit Geld in erster Linie, indem sie eigene Erfahrungen sammeln, die ohne Beeinflussung der Eltern zustande kommen. Mit eigenem Geld zu wirtschaften, bedeutet für Kinder, dass sie den Wert des Geldes anhand ihrer konkreten Wünsche kennen lernen und die Notwendigkeit erfahren, das vorhandene Geld einzuteilen, das hofft man jedenfalls. Daher soll das Taschengeld, so wird durchgängig geraten, regelmäßig und unabhängig davon gezahlt werden, ob das Kind im Haushalt mithilft, gute Noten nach Hause bringt oder andere Bedingungen erfüllt. Außerdem sollen Kinder vom Taschengeld keine Ausgaben ihres täglichen Bedarfs bestreiten müssen, sondern frei darüber verfügen können. Soweit die Theorie. Taschengeld wird vor allem aus erzieherischen Gründen gewährt. Letztlich ist das Taschengeld also für den Konsum und als Mittel zur Einübung von Konsumverhalten bestimmt. Doch im Alltag dient das Geld oft dazu, dass Kinder persönliche Ausgaben davon bestreiten, ohne darüber mit den Eltern verhandeln zu müssen. Ein Widerspruch?

Neben den eigenen Erfahrungen mit Taschengeld spielen die Vorbildfunktion der Eltern und die Beteiligung der Kinder am Haushaltsgeschehen eine wichtige Rolle für das Erlernen des Umgangs mit Geld, die gemeinhin unterschätzt wird, wenn man sich vor Augen hält, dass Kinder den Umgang mit Geld im Wesentlichen über Beobachtung und Nachahmung erlernen. Ganz ähnlich verhält es sich mit der Einbindung der Kinder in die finanziellen Vorgänge in der Familie. Die handelsüblichen Vorschläge der Ratgeberliteratur erörtern lang und breit die Modalitäten der Taschengeldzahlungen, erschöpfen sich aber nur am Rande in der Empfehlung, Kinder zum Einkaufen und zur Bank mitzunehmen, sie über den Familienetat zu informieren oder in die Planung von Anschaffungen miteinzubeziehen. Selbst die geforderte Transparenz in Geldangelegenheiten der Familie ist noch vom Tabu „Über Geld spricht man nicht" überschattet.

In jeder Familie spielt Geld in die Gestaltung von Beziehungen mit hinein. Die Gefühlskomponente des Geldes und seines Wertes schwingt zwar immer mit, aber sie wird selten direkt angesprochen und überhaupt lieber ignoriert. Geld ist besonders in Familien nach wie vor ein Tabu. Intime Beziehungen und die damit verbundenen Gefühle sind etwas so persönliches, dass sie in ihrer Einzigartigkeit zerstört würden, wenn man sich eingestünde, dass sie durch Geld bewertbar, messbar und manipulierbar werden. Diese Sicht hängt damit zusammen, dass die Familie scheinbar einer anderen Sphäre angehört als das Geld. Die Familie soll – im Gegensatz zur kalten Welt des Kommerzes – ein Ort sein, an dem Absprachen und Regelungen über Geld nicht notwendig erscheinen. Die warme Atmosphäre und das gegenseitige Vertrauen in der Familie allein reichen aus, so jedenfalls die Wunschvorstellung, um finanzielle Angelegenheiten einvernehmlich zu handhaben. Werten wir nicht schon als Zeichen des Misstrauens, wenn das Thema Geld in Beziehungen zur Sprache kommt?

Das Tabu hat zur Folge, dass über finanzielle Arrangements, über die Verteilung von Geld und die Kontrolle über die finanziellen Ressourcen in der Familie wenig bekannt wird. Tatsächlich sind die emotionalen und materiellen Beziehungen in der Familie jedoch eng verknüpft; es fällt den einzelnen Familienmitgliedern äußerst schwer, diese beiden Sphären auseinander zu halten. Das Geld wird zum Mittel und Statthalter für Emotionen. Es wird als Belohnung gewährt oder als Bestrafung vorenthalten, es wird zur Demonstration von Macht und Stärke eingesetzt, es dient stellvertretend für Zuwendung oder Tilgung von Schuldgefühlen. Kurz gesagt, Geld übernimmt eine Fülle von unterschiedlichen, mitunter widersprüchlichen symbolischen Bedeutungen, die in den Familienmitgliedern lebenslang fortwirken können. Geldtransfers unterliegen einer Beziehungsökonomie, die in jeder Familie nach individuellen Regeln definiert ist. Zwischen Eltern und Kindern entwickelt Geld eine komplexe, bisweilen schwer durchschaubare Dynamik: Zuneigung und Anerkennung, Missbilligung und Enttäuschung bestimmen die monetären Transfers in der Familie. Welche Erfahrungen mit Geld übertragen die Eltern ihren Kindern? Wie leben Eltern und Kinder diese Erfahrungen aus? Wie finden unausgesprochene, aber dennoch wirksame Erfahrungen, die häufig mit Aufträgen an den Nachwuchs verbunden sind, von einer Generation zu der nachfolgenden? Die symbolische Bedeutung von Geld in der Familie hat Auswirkungen auf die Kinder und ihr Erlernen des Umgangs mit Geld, die den Einfluss des Taschengeldes leicht übersteigen. Noch dazu wirken tabuisierte Bereiche im Untergrund, während sie der sachlichen offenen Erörterung entzogen sind – was dazu führt, dass die Gelderziehung eher beiläufig und unbeabsichtigt über die finanziellen Handlungen in der Familie vonstatten geht. Das Verhalten und die Einstellungen der Eltern, mit denen die Kinder aufwachsen und die sie beobachten, sind das Anschauungsmaterial, aus dem Kinder ihr Wissen über Geld und Konsum beziehen. Kinder lernen aus dem, was sie erleben, und versuchen schon früh, aus dem Erlebten Schlüsse zu ziehen. Mit offenen Ohren sind sie dabei, wenn ihre Eltern sich über Geld streiten und registrieren die Stimmung. Früh bemerken sie, dass Geld als immer gültige Entschuldigung für Entbehrungen, Mängel und Enttäuschungen herhalten muss: „Das können wir uns nicht leisten", „Papa muss zur Arbeit, um Geld zu verdienen", „Wir müssen sparen, weil der Urlaub so viel Geld gekostet hat." Neugierig beobachten sie, wie ihre Eltern sich verhalten, wenn sie im Dilemma zwischen Kaufwünschen und roten Zahlen auf dem Konto stecken. Verschieben sie die Anschaffung des neuen Sofas? Kaufen sie auf Pump? Oder verzichten sie ganz? Und wenn ja, wie – jammernd, schmerzlich, leichthin oder ungerührt? Jede dieser Möglichkeiten wird einem Kind, das im Begriff steht, sich ein Bild von der Welt zu machen, etwas anderes sagen. Doch aus den Wertmaßstäben, die Eltern über ihr Verhalten beiläufig vermitteln, knüpfen Kinder eine Richtschnur ihres Verhaltens, wenn sie eines Tages eigene Konsumentscheidungen treffen. Die Weichen für Wertigkeiten werden früh gestellt: der Schluss, dass Sachen wichtiger sind als Menschen, liegt nahe, wenn Kinder erleben, dass Papa lieber das Familienauto wienert, als mit seinem Sohn kicken zu gehen und erst, dass es stets einen Heidenärger gibt, wenn mal eine Tasse zu Bruch geht – die hat schließlich Geld gekostet.

Kinder erlernen den Umgang mit Geld zuallererst in der Familie – sie beobachten, sie nehmen an Entscheidungen teil, sie registrieren, wie über Geld gesprochen wird und sie machen ihre eigenen Erfahrungen mit Geld. Ob sie es wahrhaben wollen oder doch lieber die Augen verschließen: Eltern sind Vorbilder, an denen Kinder sich orientieren, lange bevor massiver Gruppendruck durch Gleichaltrige, raffinierte Werbung oder überbordende materielle Angebote ihren Beitrag zum Konsumverhalten von Kindern leisten. Eine Mutter, die das Schuhgeschäft betritt, um sich ein Paar Sandalen zu kaufen und den Laden mit drei Paaren verlässt, weil sie sich nicht entscheiden konnte, wird es schwer haben, ihrem Sohn glaubhaft zu machen, dass er zwischen dem schwarzen und blauen GAP-Shirt wählen muss, aber nicht beide haben kann. Ein Vater, der sich ein neues Auto kauft, weil das toller aussieht als das alte, wirkt unglaubwürdig, wenn er seiner Tochter die Anschaffung der dritten Barbie-Puppe unter Hinweis auf die zwei schon vorhandenen verweigert. Das eigene Konsumverhalten und die ganz persönliche Verführbarkeit neigen dazu, sich dem klaren Bewusstsein zu entziehen, dennoch sind wir für unsere Kinder das allererste Modell – lange bevor ihre ausufernden Konsumwünsche das Familienbudget souverän missachten, kann es nicht schaden, die eigenen Konsumgewohnheiten kritisch zu hinterfragen: Wie wichtig sind Besitz, Konsum und materielle Wünsche in der Familie? Wieviel Raum nimmt das Geld in den Familiengesprächen ein? Wie zufrieden sind Eltern und wie sehr hängt diese Zufriedenheit von materiellen Erfüllungen ab?

Das Ziel bestimmt den Weg

Die Antwort auf diese Fragen formt erst die Perspektive, in der Eltern eine klare Linie in Bezug auf Geld und Konsum entwerfen – und auch Haltung bewahren können. Wer sein eigens Konsumverhalten durchschaut, kann entscheiden, was er wirklich braucht und sich klarmachen, welchen Preis er zu zahlen bereit ist. Diese Fähigkeit gilt es zu vermitteln. Welche Erfahrung im Umgang mit Geld halte ich für wichtig und will ich meinem Kind weitergeben? Wie soll mein Kind später die Welt erleben? Welche Schlüsse soll es aus meinem Verhalten ziehen?

Forderungen zu widerstehen, ist keine leichte Sache. Lange bevor Kinder sich einen Reim auf die komplizierten Wechsel-

beziehungen zwischen Geld und Gegenleistung machen können, basteln sie sich ihr eigenes Instrumentarium zurecht, um
zu kriegen, was sie haben wollen. Manchen Eltern platzt der
Kragen, wenn sie provoziert werden, andere geben schnell nach
und versuchen, die Kinder zu beschwichtigen, wenn es im Supermarkt mal wieder ziemlich laut zu werden droht. Andere
meiden die direkte Konfrontation und schlagen den Umweg der
indirekten Beeinflussung ein – sie manipulieren ihre Kinder.
„Wenn du weiter so schreist, machst du mich wirklich ganz
traurig." Sie erzeugen Schuldgefühle, um ihre Wünsche durchzusetzen, und stiften Verwirrung. Kinder können nicht erkennen, was ihr Geschrei mit Mamas Traurigkeit zu tun hat. Doch
die Schuldgefühle sind echt – schließlich wollten sie ja nur die
Bonbons und nicht Mamas Traurigkeit. Die meisten Eltern tun
sich schwer mit einer eindeutigen Haltung, ihre Reaktionen
fallen mal so, mal so aus: Je nach Tagesform und Belastbarkeit,
Stimmung, Wohlbefinden und ja, auch Geldbeutel, geben wir
uns einmal geschlagen, dann wieder streng. Das verunsichert
zusätzlich und kann die ewige Litanei der Wünsche und Forderungen noch verstärken: Wenn nicht von vorneherein feststeht,
was drin ist, kann man es ja zumindest versuchen.

Vom Standhalten

Es ist auch eine Machtfrage: Eltern sind in der Familie die
Mächtigen, sie können Wünsche versagen oder erfüllen. Kinder
dagegen müssen sich eine Machtbasis ohne Geld verschaffen.
Was liegt in dieser Situation für Kinder näher, als in ihren Eltern Schuldgefühle zu wecken, um ihnen auf diese Weise Geld
zu entlocken? Ein echtes Nein auszusprechen, ohne sich auf
das zu beziehen, was das Kind tut oder was seine Eltern im Portemonnaie haben, ist schwer. Manche Kinder bieten Liebe und
Verständnis an, und einige bemühen sich, durch gute Noten,

Mithilfe im Haushalt oder Wohlverhalten in Vorleistung zu gehen. Wenn Eltern sich den materiellen Wünschen ihrer Kinder verschließen, sehen Kinder gelegentlich durchaus die väterliche oder mütterliche Liebe in Frage gestellt. Man mag das bedauern, aber das Geld selbst ist innerhalb der Beziehung zwischen Eltern und Kindern zu einem schwer entbehrlichen Liebesbeweis geworden. Ein allgemein akzeptierter Bestandteil der Eltern-Kind-Beziehung sind die regelmäßigen Transfers angemessener Sümmchen. Taschengeld hin oder her – Eltern müssen entscheiden: Ist es ein unverdientes Geschenk, eine großzügig und bedingungslos gewährte Gabe oder ein legitimer Anspruch des Kindes auf einen Teil des Familieneinkommens? Darf es als Prämie an eine Gegenleistung gekoppelt oder zu Bestrafungszwecken entzogen werden? Andererseits: Mit dem Taschengeld hat man ein Druckmittel in der Hand, das nicht zu benutzen wahrhaft unverrückbare Charakterstärke voraussetzt. Taschengeldentzug als Strafe empfinden die meisten Eltern heute als zu hart für ihr Kind. Oder wäre es für sie selbst eine Strafe? Denn wenn das Konsumieren ausfällt, geht leicht die große Nörgelei los. Das muss man erstmal aushalten können. Ein schwieriges Thema.

Aber wie steht es dann erst mit all den tausend Wünschen der Kinder, gegen die Eltern ihr Geld zu verteidigen haben? Schließlich liebt man sie ja heiß und innig und es ist schwer, dem zärtlichen Ansturm der lieben Kleinen zu widerstehen ...

Wie entkommt man dem Dilemma? Mit einem klaren Nein. Nicht: „Ja, vielleicht, wir werden sehen", oder: „Hör zu, wenn du dich nicht anständig benimmst, solange Oma zu Besuch ist", auch nicht: „Wenn ich diesen Auftrag bekomme, reden wir noch mal darüber." Ein ebenso freundliches wie festes Nein, ohne Einschränkung und ohne Bezug auf das, was ein Kind tun oder lassen soll oder was seine Eltern verdienen: „Nein, ich will das nicht kaufen." Punktum. Wenn man einfach mal versucht, in finanziellen Fragen „können" durch „wollen" zu ersetzen, verdeutlicht man sich selbst und seinem Gegenüber die wahren

Gründe für eine ablehnende Haltung – und landet augenblicklich bei den Themen, die sich hinter all den unübersichtlichen Forderungen, brüsken Verweigerungen und dem halbherzigen Nachgeben verbergen.

Das Nein sticht manchmal. Aber haben sich Kinder erst einmal daran gewöhnt, Geld und Vorrechte über den Druck peinlicher Situationen, das Wecken von Schuldgefühlen oder den steinerweichenden Appell an die grenzenlose Liebe der Eltern zu bekommen, werden sie zu gewieften Taktierern, um nicht zu sagen Erpressern. Die Schwierigkeit für Eltern besteht darin, ihre Kinder zu finanziell verantwortlichen Menschen zu erziehen, sie zu lehren, wie man Geld und Gefühle auseinander hält und eine möglichst vernünftige Beziehung zum Geld findet.

Schauplatz für Machtkämpfe

All die Scharaden um Einkommen und Auskommen, die Familienmitglieder miteinander aufführen können, rühren an eine komplizierte Verquickung von Geldangelegenheiten und Gefühlsdingen. Unabhängig von den tatsächlich verfügbaren Mitteln prägen Verhalten, Einstellungen und Entwicklungsphasen von Eltern und Kindern den Umgang mit Geld und Konsum. Wie ein Echo auf die seltsame Eigenart des Geldes, völlig immateriell zu sein, wie Wasser ohne Form und deshalb imstande, sich umso besser den Formen aller Aufnahmegefäße anzupassen, bietet Geld sich für die Aufladung mit Bedeutung, weil es sich als ein Drittes zwischen uns und unsere Wünsche schiebt. Geld wird auch zwischen Eltern und Kindern zur Metapher für Wünsche oder zur Geheimwaffe in ungelösten Konflikten. Man kann es geben, um es zurückzufordern und versprechen, ohne es je zu geben. Man kann es verweigern, vorenthalten oder jemandem mehr davon geben als er erwartet oder verdient. Von seiner rein ökonomischen Bedeutung als Zahlungsmittel abgesehen, mit dessen Hilfe man sich Zugang zu materiellen Gütern, Freizeitvergnügen, Kultur und Bildung verschaffen kann, ist Geld parteilich. Wenn Geld in Beziehungen eingesetzt wird, wird es zu einem Kommunikationsmedium. An diesem Punkt hat es seinen neutralen Charakter längst verloren. Auf der ökonomischen Ebene ist die Rolle des Geldes, sein Wert und sein Preis klar bestimmbar, doch die Verrechnung von Beziehungen mit Hilfe materieller Transfers ist problematisch. Die Sprache des Geldes in einer engen Beziehung übermittelt Botschaften an den Partner – gleichsam ohne Worte. Konfus wird die Situation erst, wenn dieser Beziehungsaspekt des Geldes ausgeblendet wird und weder der Sender noch der Empfänger der Botschaften weiß, warum er sich in finanziellen Angelegenheiten so oder so verhält. Ob Geld durch Tätigkeiten im Haushalt und für die Familie verdient werden muss oder den Kindern frei und ohne Verpflichtung zur Gegenleistung je nach Bedarf ausgehändigt, transportiert jeweils verschiedene Botschaften. Über das Geld, das Eltern gewähren oder versagen, stimulieren und akzentuieren sie altersgemäße Entwicklungsschritte ihrer Kinder; mit der Gewährung von Taschengeld beispielsweise demonstrieren Eltern Vertrauen in ihre Kinder. Aufgrund des in sie gesetzten Vertrauens fühlen sich Kinder verantwortlich für das Geld. Heranwachsende Kinder genießen einen wachsenden Anteil im Familieneinkommen, über das steigende Taschengeld wird Anerkennung signalisiert, das Großwerden gleichsam belohnt. Sogar der mittlerweile kaum noch bestrittene Grundsatz, Taschengeld voraussetzungslos zu gewähren und die Zahlung nicht an bestimmte Leistungen zu knüpfen, lässt noch tiefer liegende Akzente des Gebens aus Liebe, wie es idealerweise zwischen Eltern und Kindern gedacht ist, aufschimmern: Ich liebe dich so wie du bist und mache meine Liebe von keiner Gegenleistung abhängig. Über Geldzuwendungen demonstrieren Eltern ihren Kindern, dass sie deren Bedürfnisse nicht nur ernst nehmen, sondern sie auch in den Rang selbstverständlicher Ansprüche erheben, die keiner Rechtfertigung bedürfen, weil sie sich von selbst verstehen: Aus dem Status des Kindseins leitet sich der Anspruch auf einen bestimmten Anteil des Familieneinkommens ab.

Die Fragen nach dem Haben oder Nicht-Haben, dem Kaufen oder Nicht-Kaufen, bieten sich in allen Familien leicht zum Terrain für Machtkämpfe und Kraftproben mit den Eltern an, ganz ähnlich wie die Schlafenszeiten, die ungewaschenen Hände und die noch nicht erledigten Hausaufgaben – Reizthemen im Zusammenleben mit Kindern, in denen Eltern ja auch ganz selbstverständlich ein gewisses erzieherisches Engagement aufbringen, wobei im Allgemeinen die völlig anders geartete Motivationslage des Nachwuchses sich diesem Engagement als Hindernis entgegenstellt.

Mit dem Blick auf das, was die Beziehungen in der Familie von anderen Beziehungen unterscheidet, erhellt sich auch der Hintergrund für monetäre Machtkämpfe. Familienbande sind von Loyalitätsbindungen geprägt, die die Familie zusammenhalten und die Regeln des familiären Zusammenlebens bestimmen. Diese unsichtbaren Bindungen beeinflussen das Heranwachsen von Kindern und auch die damit verbundene wechselseitige Lösung von Eltern und Kindern. Ein geglückter Ablösungsprozess ermöglicht die allmähliche Selbstentwicklung und Differenzierung eines jungen Menschen im emotionalen, kognitiven und moralischen Bereich – und diese Entwicklung schlägt sich wiederum in seinem wirtschaftlichen Gebaren nieder. In die jeweilige Familiendynamik wirkt das Geld als Gestaltungsmittel von Beziehungen hinein. Finanzielle Zuwendungen, die Art und Weise sowie die Höhe der Zahlungen, das Zurückhalten und Geben von Geld – all diese finanziellen Transaktionen sind Ausdrucksmittel der Bindungen in der Familie. Nicht zuletzt wirken auch noch die Erfahrungen, die Eltern selbst als Kinder mit Geld in ihrer Herkunftsfamilie gemacht haben, in die eigenen Familie hinein.

Auf dem weiten Feld des Konsums kann man lernen, zu trotzen, zu kämpfen und zu argumentieren. Dahinter geht es oft um ganz andere Dinge – das Geld ist nur der Aufhänger für Fragen von Gerechtigkeit, Gleichberechtigung und Fairness in der Familie. Wenn Kinder Ungerechtigkeiten entdecken und von ihren Eltern Rechenschaft verlangen: Warum kriegt mein unsportlicher Bruder die Skier geschenkt, die ich mir seit Jahren vergeblich wünsche? Warum darf ich das Auto nicht nehmen, obwohl ihr es mir zugesagt habt, nur weil Papa es plötzlich braucht? Weil er das Benzin bezahlt, basta. Solche Anwürfe können Eltern deckeln – auch ohne gleich, wie einst ihre eigenen, aufzutrumpfen mit: „Solange du deine Füße unter meinen Tisch streckst…" Aber damit vergrößern sie das Problem. Über materielle Dinge, die für Geld zu haben sind, können Kinder einen Teil des notwendigen Ablösungsprozesses von den Eltern in der Pubertät ausleben, um ihr eigenes Selbstbewusstsein zu entwickeln und Unabhängigkeit zu demonstrieren. Aber das gelingt nicht, wenn die Eltern sich zur Gewohnheit gemacht haben, jeden Wunsch zu erfüllen. Denn zur Ablösung braucht man ein lebendiges Gegenüber, einen fairen Sparing-Partner und Regeln, die es auszuhandeln gilt. Da wollen Positionen behauptet, Argumente ausgetauscht und Kompromisse gefunden werden. Auf der Seite der Eltern geht es darum, klar Stellung zu beziehen und Eckmarken abzustecken, an denen sich ihre größer gewordenen Kinder abarbeiten können. Nur die gelungene, und das ist meistens die erkämpfte Ablösung, aber nicht die augenblickliche Erfüllung jeden Begehrens stärkt das Selbstbewusstsein und verhilft zur Unabhängigkeit.

Die finanzielle Volljährigkeit

Die Problematik des Geldes ist unauflöslich mit dem Thema Autonomie verwoben – zwischen Männern und Frauen genauso wie zwischen Eltern und Kindern. Dass allein Arbeit im Sinne bezahlter Berufstätigkeit Frauen eine wirkliche Freiheit zu garantieren vermag, schrieb Simone de Beauvoir in ihrem 1949 erschienen Buch „Das andere Geschlecht." Für Jugendliche stellt sich die Situation ganz ähnlich dar: Auch hier bedeutet die finanzielle Abhängigkeit von den Eltern, die heute dank immer längerer Ausbildungszeiten häufig bis zum 25. Geburtstag, wenn nicht noch lange darüber hinaus andauert, einen Mangel an Unabhängigkeit. Dieses Defizit wird häufig komfortabel aufgewogen – durch die Annehmlichkeiten zu Hause: gebügelte Wäsche, die Mitbenutzung des Familienautos, das saubere Zimmer und der stets gefüllte Kühlschrank. Sich abnabeln heißt heute nicht mehr unbedingt, um moralische Positionen zu kämpfen, um Sex vor der Ehe zu streiten, den Wunschberuf gegen den Widerstand der Eltern durchzusetzen oder um die Haarlänge zu zanken. Die Nabelschnur durchtrennen heißt heute, auf den Komfort, den selbstverständlichen Konsum und den finanziellen Beistand der Eltern freiwillig zu verzichten. Meinungsumfragen und Statistiken belegen, dass das geflügelte Wort vom Hotel Mama für immer mehr junge Menschen gilt: Es scheint, als ob herangewachsene Kinder sich in der finanziellen Obhut von Mama und Papa ausgesprochen wohl fühlen. Sie verlassen das Nest nicht, selbst wenn sie bereits ihren ersten Job haben. Gründe gibt es immer: das lange Studium, die Arbeitslosigkeit, die steigenden Mieten, die geliebte Mama, die es nicht verkraften könne, wenn ihr kleiner Schatz von zu Hause wegginge, das magere Anfangsgehalt, die Fahrtkosten… Die finanzielle Rechnung ist simpel: Da die Eltern, wie jahrelang gewohnt, für alles Notwendige aufkommen, kann man sein ganzes Geld nach Gutdünken ausgeben. Die finanzielle Beteiligung von jugendlichen Erwachsenen, die noch bei ihren Eltern leben, ist dabei keineswegs selbstverständlich. Aber wie sollen diese Nesthocker eines Tages völlig selbständig werden, wenn sie nicht einmal fähig sind, einen Teil ihres Gehaltes für ihren Lebensunterhalt abzugeben?

Ob der Geldfluss zwischen Eltern und Kindern von Anfang als breiter ruhiger Strom stetig schwillt oder eher als Rinnsal fließt, das schon kurz nach der Quelle jeden Zufluss dankbar aufnimmt und gleichsam aus eigener Kraft an Breite gewinnt, hängt selbstverständlich von den vorhandenen Mitteln der Familie ab, aber nicht nur davon. Die Einstellungen und die Werthaltungen, die Eltern mit Geldzuwendungen verknüpfen, werfen mitunter lange Schatten bis ins Erwachsenenleben hinein, was man sich im Allgemeinen nicht klarmacht, wenn man dem Schulanfänger feierlich die erste Mark pro Woche überreicht oder dem Neffen augenzwinkernd ein Fünfmarkstück zusteckt. Doch welche Gründe gibt es, das Füttern auf Verlangen aus der Säuglingszeit bis ins zweite, dritte Lebensjahrzehnt als ehernes Prinzip der Brutpflege beizubehalten? Was Eltern mit der Gewährung von Taschengeld oder üppigen Geldgeschenken zum Geburtstag bewirken, ist mitunter etwas ganz anderes als sie beabsichtigen, wie unter anderem eine amerikanische Studie vom Anfang der 90er Jahre zeigt: Drei Viertel der Jugendlichen zwischen 14 und 18 Jahren, die zwei amerikanische Forscherinnen danach befragten, aus welchem Grund sie von ihren Eltern regelmäßige Geldzuwendungen erhalten, gaben an, „weil wir als Familienmitglieder einen Anspruch darauf haben". Ein kleiner Teil sagte, dass sie für Geldzuwendungen Arbeiten verrichten müssten. Der erzieherische Aspekt vom Erlernen des Umgangs mit Geld und Einüben des Konsumverhaltens spielte nur eine untergeordnete Rolle. Anders verhält sich das, wenn Eltern zum Taschengeld befragt werden. Die Erziehung zur Unabhängigkeit zählt aus Elternsicht zum wichtigsten Motiv, gefolgt vom Wunsch nach einem harmonischen Familienklima, und erst an letzter Stelle nannten die Eltern die Konsumbedürfnisse der Kinder als Grund, ihnen Taschengeld zu geben.

Der Anspruch des Kindes auf einen Teil des Familienbudgets gilt heute gemeinhin als Selbstverständlichkeit; in ihm ist darüber hinaus auch ein Reflex moderner Erziehungsbeziehungen zu erkennen, die als freiheitlich-tolerante Bindung auf der Grundlage gleicher Würde aller Mitglieder einer Familie ohne Ansehen des Lebensalters gedacht sind. Kindern werden heute ungleich größere Handlungsspielräume und viel mehr Entscheidungsbefugnisse als früher zugestanden. Selbständigkeit gilt als Erziehungsideal schlechthin, dem ein Großteil der Bemühungen von Eltern für ihre Kinder geschuldet sind – die freigiebige Alimentierung mit Geld und Gütern ist darin ausdrücklich eingeschlossen. Die den Kindern heute eingeräumte hohe Eigenständigkeit führt in einer individualisierten Gesellschaft wie unserer geradewegs zu einem Individualitätsanspruch, der das Streben nach einer unverwechselbaren und bemerkenswerten Persönlichkeit zum Gebot nahezu jeder Stunde erhebt. Die verstärkte Förderung der Persönlichkeitsentwicklung durch die Eltern unterstützt diesen Prozess. Es scheint sogar zur wichtigsten Aufgabe der Familie zu werden, die Selbständigkeit und Unabhängigkeit der Kinder zu fördern, wenn auch die geeigneten Wege dorthin durchaus strittig sind. Die Aufgabe ist für Eltern allerdings eine schwierige erzieherische Gratwanderung zwischen Anleitung und Unterstützung auf der einen Seite und Ablösung und Freisetzung auf der anderen Seite. Die Kehrseite des Individualitätsanspruches ist die verstärkte Erwartung der Kinder, von Erwachsenen berücksichtigt und wahrgenommen zu werden, im Mittelpunkt zu stehen und möglichst sofortige Befriedigung ihrer Bedürfnisse zu erlangen. Damit verbunden ist jedoch auch die Unfähigkeit vieler Kinder, ja nach Situation und Gegebenheit auch einmal zurückzustehen und auf eigene Ansprüche vorübergehend zu verzichten. Chancen und Risiken dieser gesellschaftlichen Entwicklung für die persönliche Situation liegen für die Kinder nahe beieinander. Ob Eltern den materiell versorgenden Strom stetig über die Jahre fließen lassen wollen, müssen sie früh entscheiden. Mit der Zeit können Kinder durchaus den fatalen Eindruck gewinnen, dass Wünsche sofort und leicht zu verwirklichen sind. Leicht entgeht ihnen die Erfahrung, was es kostet, viel Geld zu verdienen oder auf bestimmte Dinge zu verzichten. Diese Kinder werden als Erwachsene, sobald sie selbst für ihre Wünsche aufkommen müssen, unzufrieden mit der Welt und ihrem Schicksal hadern, wenn ihnen mit einem Mal eigene Anstrengung und Mühe zugemutet wird. Wer immer genug bekommt, weil er sich auf den selbstverständlichen Anspruch berufen darf, versorgt zu werden, verlernt das Anstrengen. Eltern, die immer geben, erschweren es ihren Kindern, unabhängig zu werden und sich von ihnen zu lösen – sie halten ihre Kinder klein.

Eltern bleiben Eltern

Groß ist die Verlockung, in der Versorgerpose zu erstarren, die man einst mit dem brüllenden Neugeborenen auf dem Arm so mühsam einstudieren musste. Doch mit der Zeit findet man sich zurecht und mehr als das: Aus der Gewissheit, gebraucht zu werden, beziehen viele Eltern eine solide Bestätigung ihres Lebensentwurfes, die auch über manche Durststrecke hinweghilft. Dagegen wäre nicht viel einzuwenden, wenn dieser warme Regen fürs Selbstwertgefühl nicht gleichzeitig den eigentlichen Kern der Aufgabe, Eltern zu sein, so nachhaltig aufweichen könnte: die tätigen und liebevollen Bemühungen, Kinder zu zuversichtlichen, selbständigen und fähigen Menschen heranwachsen zu lassen; mit anderen Worten, sich selbst als Versorger, Beschützer und Besserwisser überflüssig zu machen für den Tag, an dem wir einmal nicht mehr dasein werden.

Die Geld- und Gefühlsausbeutung zwischen manchen jungen Erwachsenen und ihren alten Eltern läuft oft erstaunlich reibungslos ab, jedenfalls erdulden Eltern heute höchst bereitwillig einen Zustand, den ihre eigenen so wohl nicht hingenommen hätten. Und das kann lange dauern: Wenn sich die erwachsenen Kinder scheiden lassen, beobachtet man häufig, dass die Großeltern die Scherben der Beziehung aufsammeln und die Enkel im ehemaligen Kinderzimmer aufnehmen. Geschiedene Familienväter sind heilfroh, wenn sie mit ein oder zwei Kindern auf dem Arm wieder Unterschlupf bei ihren Müttern finden, die mittlerweile selbst geschieden oder verwitwet sind und sich ihrerseits freuen, in den weiten Fluren des ehemals zu engen Reihenhäuschens wieder Kindergeschrei zu hören. Auch hier hat sich die Mentalität geändert: Aus purem Stolz schnallt man den Gürtel nicht enger. Wenn die Eltern so freundlich sind und einem unter die Arme greifen wollen, wäre es doch dumm, das nicht auszunutzen. Und schließlich gibt man ihnen ganz ohne größeren Aufwand das Gefühl, noch gebraucht zu werden. Eine zweischneidige Angelegenheit: Wer alle zwei Wochen ein Kind mit einem Sack schmutziger Wäsche vor der Tür stehen hat, sieht den Nachwuchs wenigstens noch. Wer seinen Kindern dann und wann mit ein paar Scheinen unter die Arme greift, hilft ihnen – und streckt selbst die Hand aus, wenn auch nur im Geheimen. Denn diese Transaktionen verpflichten zu nichts, außer zur Dankbarkeit, und wenn es nur der Anruf zum Geburtstag ist, auf den man notfalls gekränkt bestehen kann. Dass die Gedanken des Gebers mit denen des Empfängers selten als stillschweigendes Einvernehmen zu werten sind, verkompliziert die Sache, entscheidend sind immer die Erwartungen, die sich an eine Gabe knüpfen.

Warum bezahlen Eltern einem Kind das Studium – weil es ihre Pflicht ist, weil sie großzügig sind, weil sie ein schlechtes Gewissen haben, weil die Tochter ein Recht darauf hat oder weil sie sich damit ihre Zuneigung auf der Grundlage immerwährender Dankbarkeit sichern wollen? Das Problem sind die Missverständnisse: Solche Gemengelagen sind umso schwerer zu ertragen, als man nie darüber spricht. Geld wird in Familien leicht als Ersatz für Gefühle verlangt oder gewährt, aber solange es weder offene Gespräche noch klare Regeln gibt, kennt niemand den angemessenen Gegenwert.

8. Kapitel
Entwicklungsaufgabe Geld und Konsum

Der Nachwuchs soll das Sparen lernen

Nur: Die Eltern sind in Finanzdingen oft kein Vorbild. An der Taschengeldfront herrscht schönste Eintracht: Rund 80 Prozent der Eltern gewähren ihren Kindern regelmäßig Taschengeld in einer bestimmten Höhe. Nur die wenigsten Eltern (vier Prozent) verwenden das Taschengeld als Sanktionsmittel bei miesen Noten, schlechtem Benehmen oder für das erlahmende Engagement bei der Hausarbeit.

Allerdings verbinden Eltern mit dem Taschengeld klare Erziehungsziele: Planen und das Geld einteilen können sind die wichtigsten Fähigkeiten, die Eltern bei ihren Kindern fördern wollen. Gleich an zweiter Stelle nennen 77 Prozent das Ziel, dass Kinder den Wert des Geldes schätzen lernen sollen. Sparsamkeit finden 68 Prozent der ostdeutschen und 50 Prozent der westdeutschen Eltern wichtig. Doch die Motive, Taschengeld zu gewähren, spiegeln auch andere Absichten. „Ein harmonisches Familienklima" führen Eltern umso häufiger als Grund, Taschengeld zu bezahlen an, je älter ihre Kinder sind. Mit dem Alter der Kinder steigen ihre Konsumwünsche; Geld und die Dinge, die Kinder gerne besitzen wollen, werden zum ständigen Gesprächsthema in der Familie und bergen viel Konfliktstoff. Konsumwünsche und die Auseinandersetzungen darüber können entschärft werden, wenn die Kinder über Taschengeld verfügen, das sie selbst ausgeben können, so das Kalkül der Eltern.

Gute Kenntnisse im Umgang mit Geld hingegen, eine wichtige Fähigkeit, um Schulden zu verhindern, hält nur ein Drittel der Eltern in Ost und West für ein bedeutsames Erziehungsziel. Soziale Ziele, wie die Bereitschaft zu teilen oder Großzügigkeit, rangieren weit abgeschlagen am Schluss der Reihenfolge wichtiger Erziehungsziele; sie spielen, wenn überhaupt, nur bei den Besserverdienenden eine Rolle.

Für diese Studie des Deutschen Jugendinstituts zum Thema Kinder und Geld befragte Tatjana Rosendorfer mehr als 1000 Mütter und Väter, die mit mindestens einem Kind zwischen 10 und 17 Jahren im gemeinsamen Haushalt leben, über Methoden der Gelderziehung in der Familie. Im Sparen, Planen und Einteilen sehen so gut wie alle Eltern (99 Prozent) ein Erziehungsziel ersten Ranges – weitgehend unabhängig davon, ob der Familie viel oder wenig Geld zur Verfügung steht, ob die Eltern allein oder zu zweit erziehen und ob sie im Osten oder Westen Deutschlands leben. Mit gutem Beispiel gehen sie dabei jedoch nicht voran: In den meisten Familie wird der Umgang mit Geld kaum oder gar nicht geplant. Fast 40 Prozent der Befragten schätzen sich als sparsam ein, planen aber ihr verfügbares Einkommen gar nicht oder nur ungenau und meinen, eigentlich wenig Kontrolle über ihre Ausgaben zu haben. Nur zehn Prozent der Befragten teilen ihr Budget ein und sind nicht durch Schulden oder Ratenzahlungsverpflichtungen belastet. Rund 27 Prozent der Befragten planen Ausgaben gar nicht, schätzen sich selbst im Umgang mit Geld als großzügig ein und haben Schulden für Konsumgüter. Weitere 26 Prozent der Befragten zeigen kein durchgängiges Muster im Umgang mit Geld. Manche bezeichnen sich als sparsam, machen aber gleichzeitig Schulden für Auto, Möbel oder Unterhaltungselektronik. Andere schätzen sich selbst als großzügig ein, sind aber schuldenfrei und haben lediglich Zahlungsverpflichtungen zur Vermögensbildung. In diesen Typen möglichen Finanzgebarens bilden sich deutlich Ost-West-Unterschiede ab: Während Planer und Sparsame sich auf Ost und West gleichermaßen verteilen, überwiegt bei den ostdeutschen Befragten mit knapp 40 Prozent (gegenüber 21 Prozent der Westdeutschen) der Schuldnertyp.

Gespräche über Geld sind in den Familien keineswegs tabu, wenn auch sehr einseitig. Für das Bild über den angemessenen Umgang mit Geld und Konsum, das Kinder nach und nach gewinnen, macht es aber einen großen Unterschied, aus welchem Verständnis heraus sie an den finanziellen Angelegenheiten der Familie beteiligt werden. Ist es ein pädagogisch-demokratisches Anliegen, Kinder gleichberechtigt in die Finanzplanung einzubeziehen, oder schlichte ökonomische Notwendigkeit, weil das Geld knapp ist und Konsumwünsche ausgehandelt werden müssen? Mindestens zwei Drittel der befragten Eltern gaben an, über Geld mit ihren Kindern zu sprechen, vor allem aber über finanzielle Probleme: Je weniger Geld in der Familie da ist, desto mehr wird darüber gesprochen. Das Taschengeld hingegen, das immerhin vier Fünftel der Eltern gewähren, gehört zu den selten gewählten Gesprächsthemen; nur ein Achtel der westdeutschen und ein Viertel der ostdeutschen Eltern gaben an, mit ihren Kindern manchmal übers Taschengeld zu reden. Bezahlen sie Taschengeld, um nicht darüber reden zu müssen? Ein großer Teil der finanziellen Angelegenheiten wie die Planung von Anschaffungen oder die Einteilung des Haushaltsbudgets, entzieht sich der direkten Beobachtung; Kinder erfahren hierüber nur etwas, wenn sie an diesen Vorgängen beteiligt werden. Diese Teilhabe, von der Information über die Finanzlage bis zur Mitbestimmung bei Anschaffungen, ist ein wesentlicher Bereich der Gelderziehung – und darüber hinaus ein Bereich, der von den Eltern Zeit, Wissen und Hinwendung zu den Kindern erfordert. Allerdings legen nur 19 Prozent der befragten Eltern das Budget der Familie offen – ungeachtet des hehren erzieherischen Ideals, zu dem sich immerhin 92 Prozent der befragten Eltern verstehen, wonach Planen und Einteilen des Geldes zur wichtigsten Fähigkeit zählt, die Eltern bei ihren Kindern fördern wollen. Das Taschengeld für die Kinder verkörpert geradezu das Grenzensetzen in der Erziehung. Erörterungen über die Höhe der Summe, die Eltern zum Einüben des Konsumierens ihren Kindern zur Verfügung stellen, können der Erkenntnis auf den Weg helfen, dass verfügbares Geld genauso wie Selbstentfaltungsmöglichkeiten im späteren Leben begrenzt sind. Mit diesem Verständnis der Dinge lässt sich viel anfangen: So lernen Kinder, Geld einzuteilen, Prioritäten zu setzen, abzuwägen, Entscheidungen zu durchdenken und die Übersicht zu behalten. Das entspricht auch einem seelischen Reifungsprozess. Das Wissen um Soll und Haben, Ausgeben und Behalten, Einkommen und Auskommen und die damit verbundene Fähigkeit, zwischen größeren und kleineren, vollständigen und vorübergehenden Frustrationen zu unterscheiden, entwickelt seelische Strukturen, die Kinder brauchen, um finanziell volljährig zu werden. Aber sie spielen im Erziehungsalltag offenbar keine tragende Rolle. Andere Miterzieher zeigen hier weniger Scheu davor, gezielt und stark Einfluss zu nehmen: Mobilfunkbetreiber, Hersteller von Markenkleidung und Banken sprechen ganz selbstverständlich bereits Achtjährige als Konsumenten-Zielgruppe an.

Wie Kinder und Heranwachsende mit Geld umgehen, verrät viel über ihren Entwicklungsstand

Der spontane Wunsch, ein Spielzeug oder eine Süßigkeit augenblicklich haben zu wollen, entspricht dem kindlichen Wesen. Von sich aus wird ein kleines Kind nicht von einem Wunsch ablassen. Sich zufrieden geben können, mit dem was man hat, ist ein Attribut von Reife, und davon hat ein kleines Kind zu wenig. Wie die Eltern reagieren ist entscheidend: Wird der Anspruch auf sofortige Bedürfnisbefriedigung zur Gewohnheit, tritt Stillstand auf einer frühen Entwicklungsstufe ein. Zur charakterlichen Reifung jedoch gehören Selbstbeherrschung, Gewöhnung an das Aufschieben von Bedürfnissen und die Fähigkeit, auf etwas warten zu können, das man sich wünscht, und auch der Langmut, Erfolge als Ergebnisse längeren Bemühens ins Auge zu fassen. Die Entwicklungsaufgabe besteht darin, die eigenen Antriebskräfte bewusster wahrzunehmen, gewichten und organisieren zu können – sich zu etwas entschließen, den Anfang zu machen, dabei zu bleiben, von Schwierigkeiten nicht aus dem Konzept bringen zu lassen.

Beides, die schnelle Bedürfnisbefriedigung wie auch der Bedürfnisaufschub finden im Geldverhalten ihren sinnfälligen Ausdruck. Wer Geld mit vollen Händen ausgibt, dient dem augenblicksorientierten Lustgewinn. Wer Reserven bildet, orientiert sich auf die Zukunft und entwickelt Verantwortungsbewusstsein. Die Fixierung auf den Konsum, wie sie der Psychoanalytiker Erich Fromm im „Haben-Wollen" beschreibt, weist auf Unsicherheit und Ich-Schwäche hin. Wer alles immer gleich haben will, bleibt auf äußere Belohnungen fixiert und gerät in den Zwang, sich aufzuwerten, in dem er sich die Dinge quasi einverleibt. Geld und Konsum werden auf diese Weise zum Ersatz für andere, mit echtem persönlichen Einsatz innerer Kräfte verbundene Erfolgserlebnisse. Geld verdrängt viele nicht käufliche Werte und Erlebnisse. Da sind Eltern gefragt und gefordert, sie können viel dazu beitragen, dass ihre konsumfreudigen Kinder später einmal den Zusammenhang zwischen Konsum und Unzufriedenheit durchschauen. Wenn spontanes Kaufen zur Gewohnheit wird, können sich die Fähigkeiten zur psychischen Selbstregulierung nicht entwickeln. Missmut, Antriebslosigkeit und Unzufriedenheit stellen sich ein. Bei der Flucht in den Konsum wird das Kaufen zum Selbstzweck und das Gekaufte bedeutungslos. Das Kauferlebnis selbst rückt in den Vordergrund und diese Entwicklung kann der Kaufsucht Vorschub leisten. Zum psychischen Reifungsprozess gehört der Abschied von der Alleinherrschaft des Lustprinzips, die Einsicht, dass Glück nicht von materiellen Dingen abhängt, sondern sich aus seelischen Quellen und Erfahrungen speist: aus der Bewältigung von Schwierigkeiten, Anstrengungen, Selbstüberwindung und auch aus dem Mut, nein zu sagen. Nur so wachsen innere Kräfte und entwickelt sich Selbstvertrauen.

Die große Aufgabe von Eltern und Erziehern besteht darin, Kinder in der Welt des Geldes an die Hand zu nehmen. Im Straßenverkehr gelingt das doch auch – wieviel Mühe verwenden wir darauf, Kinder mit Verkehrsregeln vertraut zu machen, auf Gefahren im tosenden Verkehr hinzuweisen und mit ihnen zu üben, wie sie ihre Bewegungsfreiheit behalten und Gefahren meiden. Wir verlangen ihnen ab, Bedürfnisse aufzuschieben wie den unwiderstehlichen Impuls, mitten auf der Hauptverkehrsstraße Purzelbäume zu schlagen oder den plötzlichen Einfall, auf der Kreuzung Fußball zu spielen. Wir leiten sie an, verlockenden schnellen Abkürzungen zu widerstehen und den längeren, aber sicheren Weg über die Ampel zu nehmen, um dahin zu kommen, wohin sie wollen. Wir trichtern ihnen ein, sich genau umzuschauen, bevor sie den Fuß auf die Straße setzen, die sie überqueren wollen. Aber wir riskieren, dass sie in der bunten Warenwelt überfahren werden, wenn wir sie einfach laufen lassen. Je früher Kinder ein realistisches Verhältnis zum Geld gewinnen, desto besser lässt sich der Einfluss ungebetener Miterzieher abschwächen oder wenigstens begrenzen.

Multimedia und die Message sind mächtige Miterzieher

Massenmedien und Werbung greifen in einem Umfang in die Erziehung ein, den man der eigenen Schwiegermutter nicht ansatzweise gestatten würde und wirken einer sachgerechten Konsumsozialisation machtvoll entgegen. Sie knüpfen nahtlos an bestimmte Eigenheiten der kindlichen Entwicklung an, nutzen die angeborene Ansprechbarkeit für bestimmte Reize, um profitable Konsumgewohnheiten zu etablieren, und gefährden das Wesentliche, indem sie es als käuflich hinstellen, um Unwesentliches, Überflüssiges und sogar Schädliches zu verkaufen. Unwägbare und im Grunde unverkäufliche Dinge wie familiäre Harmonie, Glück, Geborgenheit, Lust und Liebe, Selbstbewusstsein und Lebensfreude werden als käuflich hingestellt und im Werbespot erworben. Die Technik, starke Reize anzubieten, um dann etwas ganz anderes zu verkaufen, ist der klassische Reklametrick. Wo er großräumig funktioniert, finden Kinder und Heranwachsende im multimedialen Werbeverbund ihre Identität und entdecken erst als Käufer ihr eigentliches Ich. Selbstsicherheit und Ichvertrauen bleiben dann sklavisch an den Konsum von Gegenständen gebunden. Heranwachsende Konsumenten sollen den Konsum als Mittel zur Selbstüberhöhung einsetzen und dabei materielle an die Stelle immaterieller Werte setzen, so fasst Gerhard Scherhorn, Professor für Wirtschaftswissenschaften an der Universität Hohenheim, die Lektionen des „heimlichen Lehrplans" zusammen, mit dem Werbung und Massenmedien die Erziehung unterlaufen. Kinder und Jugendliche sollen den Güterbedarf nicht reflektieren, sondern vorauszusetzen. Sie sollen im Fehlen von Geld keinen Grund für das Unterlassen oder Aufschieben eines Kaufs sehen, bei Geldmangel einen Kredit für eine problemlose Lösung halten. Kurzum: das blanke Gegenprogramm zu jeder Erziehung – zum geduldigen Abwartenkönnen, zur gelassenen Lebensplanung sowie zum nachdenklichen, abwägenden Verfolgen des roten Fadens im eigenen Leben. Die multimediale Maschine arbeitet auf Hochtouren, um die konsumstiftende Illusion zu verbreiten, Anstrengung und Fallenlassen seien problemlos unter einen Hut zu bringen. Über allem herrscht das Lustprinzip: „Kauf jetzt, zahl später", „Hol sie dir", sogar „Befriedige deine Lust" – die hochgestimmten Salven der allgegenwärtigen Angebote, die uns von Kindesbeinen an eingetrichtert werden, bereiten schlecht auf die existentiellen Notwendigkeiten der Wirklichkeit vor, in der wir meistens gerade nicht die Wahl zwischen Lust und Frust haben, sondern die Wahl zwischen einer produktiven und einer destruktiven Unlust. Ein Kind kann nicht zwischen der Lust an Hausaufgaben und der Lust an einem Nachmittag auf dem Rummelplatz unterscheiden. Deshalb braucht es Eltern, die ihm dabei helfen, eine innere Richtschnur zu entwickeln. Das kann zunächst bedeuten, die Lust aus der Unlust herauszuschälen und eine Reihenfolge vorzuschlagen – erst die Arbeit, dann das Vergnügen, finden manche richtig. Verzicht heute, genieße morgen, finden andere richtig. Aber man muss entscheiden – und das disziplinierte Verhalten wird einem Kind umso schwerer fallen, je durchdringender in seiner Umgebung die Illusion verbreitet wird, es gäbe grundsätzlich die Möglichkeit, das zu tun, wozu man Lust hat, womit das, was weder Lust erregt oder Bequemlichkeit verspricht, seine Daseinsberechtigung schon verloren hat. Die Diktatur des Lustprinzips reicht weit: sie dringt sogar in Bereiche ein, die bislang fern vom Anspruch auf fun und action ihr Dasein behaupten konnten, ohne den Spaßfaktor zu ihrer Rechtfertigung in Dienst nehmen zu müssen. Motivierung beim Lernen allenthalben: Optisch ansprechende Lernblätter mit vielen lustigen Cartoons und pfiffige Computerspiele, um Grammatik und Algebra zu verstehen, scheinen heute unerlässlich, um Lernende zum Lernen zu bewegen. Lernen leicht gemacht, lautet die Parole, die als didaktischer Elan bei der Aufbereitung drögen Lehrstoffes ja durchaus auch ihre Berechtigung hat. Nur: auch wenn mehr Spaß dabei herausspringen mag, Unterricht zum Event zu gestalten, eine Mogelpackung bleibt es doch, weil das mitgelieferte Spaßpaket verschleiert, dass der Erwerb von Grundtechniken immer eine reine Übungssache ist, die man mit dem Willen und der nötigen Beharrlichkeit beim Aushalten der Anforderungen bewältigt – das kann, aber es muss keinen Spaß machen. Auch wenn dieser Hinweis auf den unlustig hausarbeitenden Schüler wenig Eindruck machen wird, hilft er doch Eltern, die auf dem Unterschied beharren, aus dem Erklärungsnotstand, der sich schon einstellt, wenn ein Kind meint, nur deshalb etwas nicht tun zu müssen, weil es keinen Spaß macht.

Der Gewöhnungseffekt im Konsumklima ist beträchtlich, viele dieser Prozesse laufen unmerklich ab und scheinen so selbstverständlich, dass sie gar nicht mehr ins Bewusstsein vordringen. Alle Eltern, die sich vor Jahren mit dem Erlernen der

Grundrechenarten geplagt haben, können zumindest auf die Ahnung zurückgreifen, dass Leistung nicht immer Spaß macht. Doch der zentrale Mechanismus des Konsumierens senkt die Schwelle für den Rückschritt des Einzelnen auf bereits überwundene Entwicklungsstufen und schafft darüber hinaus ein gesamtgesellschaftliche Klima der kollektiven Regression: Er verspricht lustvolle Bequemlichkeit überall da, wo einst nur Anstrengung gefragt war und lässt die Unterschiede zwischen beidem mit der Beiläufigkeit von Gewöhnung verschwimmen. Die fixe Idee unserer Gesellschaft besteht darin, so beschreibt der Philosoph Günter Anders, dass „das Mögliche durchweg als das Verbindliche, das Gekonnte durchweg auch als das Gesollte akzeptiert ist." Auf Möglichkeiten, die sich bieten zu verzichten, ist im Programm offenbar nicht vorgesehen. Der Fahrstuhl wird auch von denen mit den gesündesten Beinen benutzt. Auf das Familienleben bezogen, heißt das: Wenn die Dinge sich ungehindert weiterentwickeln, wird der Einfluss der Miterzieher wachsen.

Der Genuss ohne Reue, das Abnehmen mit Spaß und anregende Unterhaltung, ohne einen Finger dafür rühren zu müssen sind alltägliche Versprechen, deren Glaubwürdigkeit wir uns angewöhnt haben, nicht mehr zu prüfen. Die höchst motivierende Gestaltung von Lernstoff durch sorgfältige Integration des Spaßfaktors dient der Bequemlichkeit genauso wie Einwegflaschen und die Fernbedienung. Jedes dieser Dinge bedeutet eine kleine Bequemlichkeit mehr; das ist ein enormer Verstärker für das entsprechende Konsumverhalten und die Gewohnheiten, die sich daraus ableiten. Menschliche Gewohnheiten neigen dazu, automatisch zu werden und sich zu verselbstständigen. Sie verhindern die Suche nach neuen, besseren Lösungen. Daraus bezieht die Werbe- und Produktindustrie einen nahezu unwiderstehlichen Reiz, den sie in Gestalt von Glücksversprechen aller Art schon auf jüngste Gesellschaftsmitglieder loslässt und dessen Nachdruck und Allgegenwart durchaus geeignet sind, andersgerichtete Erziehungsbemühungen zunichte zu machen. Dass Werbespots lügen, ist eine höchst banale Erkenntnis, die heute niemand mehr ernsthaft in Frage stellen wird. Sie funktioniert trotzdem, weil die Botschaft weithin geglaubt wird. „Es gibt, so suggeriert die Werbung, an traditioneller Moral, kritischer Pädagogik und intellektueller Aufklärung vorbei, den Genuss ohne Reue, das perfekte Gute für jeden, der die richtige (Kauf-) Entscheidung trifft", so formuliert der Psychoanalytiker Wolfgang Schmidbauer in seiner 1984 erschienenen „Psychologie des Konsumverzichts" mit dem Titel „Weniger ist manchmal mehr" das eigentlich Beunruhigende am allgegenwärtigen Werbegewitter, dem schon Kinder in jungen Jahren viele Stunden ihres Tages ausgesetzt sind. Dieses „Mehr" ist Auseinandersetzung, Spannung und Beziehung. Materiell verwöhnte und überversorgte Kinder haben weniger – weniger an Erfahrung, Vertrauen in eigene Fähigkeiten und an Mut, sich neuen Herausforderungen zu stellen. Das braucht Stärke, und es erzeugt Stärke. Eigene.

Lücken, Breschen und Ankerplätze

Dass Werbung und Konsum nicht manipulieren, „aber knallhart ihre Chancen nutzen", betont Buchautor und Familienratgeber Jan-Uwe Rogge. Sie arbeiteten mit Mitteln, die Eltern und Erziehern nicht ganz unvertraut sind. „Werbung und Konsum schaffen nichts Neues, sie schöpfen aus vorhandenen Einstellungen, Bedürfnissen, Wünschen und Sehnsüchten." Aber sie tun es aus anderen Beweggründen als denen, aus denen heraus sich Eltern und Erzieher den besonderen Wahrnehmungs- und Denkstrukturen von Kindern annähern – mit Risiken, Spätfolgen und Nebenwirkungen, die durchaus diejenigen Menschen beunruhigen müssen, die mit der Erziehung von Kindern befasst sind und darüber hinaus auch die anderen, die in sich die Sehnsucht nach Umgangsformen lebendig halten, die nicht den Gesetzen des Marktes unterliegen. Dem Konsumverhalten wohnt durchaus die Macht inne, sich auf zwischenmenschliches Beziehungsverhalten auszudehnen. Das Muster rasch wechselnder Beziehungen, deren Wert sich allein aus der Nützlichkeit ermisst, lässt sich durchaus schon in typischen Kinderfreundschaften erkennen. „Ich will Moritz besuchen, weil der eine neue Maus-CD hat", klingt vielleicht harmlos aus dem Mund des fünfjährigen Lukas. Doch was, wenn er die Konsumenten-Prüfhaltung auch weiterhin an den Tag legt? Aus der Warenwegwerfgesellschaft ist auf manchen Ebenen eine vielbeklagte Beziehungswegwerfmentalität gewachsen, die den Nützlichkeitsaspekt allein gelten lässt. Man klärt zuerst seine Bedürfnislage, prüft sodann das Produktangebote, erstellt eine Kosten-Nutzenrechnung und schreitet dann zur Kaufentscheidung – das Schema lässt sich auf Beziehungen wie Blaupausen übertragen.

Werbe- und Konsumstrategien können zwar nahtlos an bestimmte Eigenheiten der kindlichen Entwicklung andocken, aber Eltern können durchaus entscheiden, wieviel sie zulassen: Kinder im magischen Alter, in dem Phantasie und Wirklichkeit noch friedlich nebeneinander existieren, reagieren höchst empfänglich auf die Allesverbildlichung der Medien, in denen Fiktionen und Wirklichkeit sich schwer unterscheidbar mischen. Echtheit und Künstlichkeit können kaum noch auseinander gehalten werden; besonders für kleine Kinder, denen die Unterscheidung zwischen Phantasie und Wirklichkeit noch nicht ganz zuverlässig zu Gebote steht, wächst diese Aufgabe ins Unermessliche.

Die ohnehin größere Augenblicksorientierung von Kindern findet eine Entsprechung in der Allgegenwart der Medien; die Bilderfluten und Stilpakete der Medien- und Kulturindustrie intensivieren diese Gegenwartsorientierung und lassen darüber hinaus alles gleichzeitig möglich sein. Sie bieten Phantastisches, Ausgedachtes an, das es in der vertrauten Erscheinungswelt so gar nicht gibt und setzen wirkliche Geschehnisse dazwischen, sie fügen Getrenntes und Widersprüchliches mehrdeutig zusammen, überschreiten Grenzen, legen Verdrängtes frei und ermöglichen den schnellen Wechsel von Sinnwelten. Das „Alles, Gleichzeitig und Zwar Sofort" beherrscht das Bild und prägt die mentale Umgebung, in der das Kind aufwächst – ein längerer Schwebezustand zwischen Wunsch und Erfüllung ist in diesem Konzept nicht vorgesehen. Der lange Atem ist nicht gefragt, geschmeidig flaniert der kindliche Fernsehkonsument durch die Kanäle von Gag zu Gag, von Highlight zu Highlight. Channnel-Hopping in Gestalt blitzschnellen Umschaltens spricht jeglichem Planungsverhalten Hohn, lässt das Auswählen verschiedener Möglichkeiten und Durchhalten dieser Wahl überflüssig erscheinen, in dem es die Unstetigkeit auf die Spitze treibt. Der zerstreute Blick verdrängt das konzentrierte Hinschauen.

Für das Wirtschaften in der Konsumgesellschaft ist die Steigerung der Impulsivität der Konsumenten nicht nur erwünscht, sondern geradezu notwendige Wachstumsvoraussetzung – wahrhaftig ein Mündungsbecken für die spontane, zugreifende und lustbetonte Weltaneignung, wie sie Kinder an den Tag legen. Werbebotschaften an Kinder müssen keine großen Hürden überwinden und sind ja auch überall zur Stelle. Radio, Fernsehen, Zeitschriften und Comichefte, Plakatflächen, Kinderkassetten und Musik-Videos dringen wie selbstverständlich allerorten in die Spielräume und Lebenswelten von Kindern ein – und nicht nur in familiären Milieus, wo der Fernseher von morgens bis abends läuft und der Ton nur widerstrebend heruntergedreht wird, wenn der Sozialarbeiter vorbeischaut, um den Entschuldungsplan noch einmal durchzugehen. Rund anderthalb Stunden täglich verbringen bundesdeutsche Kinder im Durchschnitt vor dem Fernseher.

Die beliebte Koppelung von Werbung, Produkten und Prominenten tut ein Übriges; Werbekampagnen bedienen sich immer häufiger Personen aus dem Musik-, Show- und Sportgeschäft, fiktiver Zeichentrickfiguren und Symbole, mit denen die Kin-

164

der bestens vertraut sind und die in gewisser Weise kinderkulturelle Lebensstile repräsentieren. Kinderwerbespots stimulieren den Kaufreiz, der ungefiltert an die Eltern weitergegeben wird. Noch dazu mögen sie die Machart, den Inhalt und erleben keineswegs als Belästigung, was da auf sie einstürmt. Kurze abgeschlossene Geschichten mit überschaubarer Handlung, die auf einen Spannungshöhepunkt zugeschnitten sind, und eindeutigen Charakteren, die gut und schlecht auf den ersten Blick erkennen lassen – doch die rasante Schnittfrequenz, bei der im Durchschnitt alle zwei Sekunden ein neues Bild gezeigt wird, verhindert, dass die Botschaft rational wahrgenommen wird; sie prägt sich über Wiederholungen ein. Befragungen belegen: Ein Drittel der Kinder will genauso leben wie die Vorbilder aus dem Fernsehen. Besonders in der Vorweihnachtszeit werden Kinder heftig umworben. Dann steigt die Menge der Spots um 50 Prozent an.

Fernsehwerbung konserviert noch dazu das geschlechtsspezifische Rollenverständnis. Jungen machen ihre Kleidung beim Fußballspielen schmutzig, während dann Mädchen den Weichspüler kaufen. Sie helfen ihren Müttern beim Kochen und Backen, während die Jungen die Resultate der gemeinschaftlichen Küchenarbeit strahlend verzehren. Vom Frühstücks-TV bis zur abendlichen Kinderstunde werden sie ständig mit den Klischees konfrontiert, wonach Mädchen in die traditionelle Frauenrolle hineinwachsen und Jungen eher aggressive, raumgreifende Verhaltensweisen zeigen dürfen.

Die kritische Werbekompetenz des Nachwuchses, die sich die pädagogisch munitionierte Konsumerziehung seit Jahrzehnten auf die Fahnen geschrieben hat, scheint wenig Früchte getragen zu haben: Mehr als ein Drittel der Vierjährigen kennt zwar nicht den Unterschied zwischen Fernsehwerbung und Programmbeiträgen, aber bestimmt kräftig mit, wenn es um den Kauf von Lebensmitteln, Süßigkeiten und Spielzeug geht. Mit dem Alter nimmt die Unterscheidungsfähigkeit zwar zu, genauso wie der Einfluss auf die Kaufentscheidungen der Eltern, doch bis zum 14. Lebensjahr unterscheiden Kinder vor allem aufgrund formaler Kriterien wie etwa der Länge des Beitrages. Versteckte Werbeformen wie product placement, bartering oder sponsoring sind für sie schlicht nicht zu erkennen. Wie kommt man eigentlich dazu, jemandem, der glaubt, er erhielte tatsächlich Post von Mickey Mouse, die Wahl der Cornflakes-Packung zu überlassen und damit die Frage, ob man fünf oder drei Mark für Frühstücksflocken ausgibt?

Die meisten Kinder, so haben Experten in vielen Studien belegt, glauben, dass ihre Haltung gegenüber der Werbung mit zunehmendem Alter kritischer wird. Während noch jedes zweite Kind im Grundschulalter die Werbung als glaubwürdig einschätzt, sinkt die Akzeptanz bei älteren Kindern auf weniger als zehn Prozent. Doch auch die älteren lassen sich in der Regel bei ihren Kaufwünschen von der Markenwerbung beeinflussen, auch wenn die Reklame in Gestalt angesagter Outfits, das die Gleichaltrigen tragen, daherkommt – Reklame ist es trotzdem, was sie für Information halten. Genau wie die Erwachsenen auch: Mehr als die Hälfte der Bundesdeutschen zeigt sich vom Informationscharakter der Werbung überzeugt und stimmt auch der Auffassung weitgehend zu, dass Werbung vor allem nützliche Produkthinweise vermittelt (KVA 1994). Werbung ist seit langem Bestandteil des täglichen Lebens und auch weitgehend aus der Schusslinie der gesellschaftlichen Kritik geraten. Aus dem Kinderleben kann sie nicht mehr getilgt oder auch nur vertuscht werden. Doch warum setzen Eltern, Erzieher und Lehrer nicht mehr Unterstützung darein, nicht ganz willfährige und manipulierbare, vielleicht hier und da sogar widerstehende Konsumenten aufwachsen zu lassen?

Kinder würden durch Werbung begreifen, wie man mit Geld umgeht, heißt es beim Zentralverband der deutschen Werbewirtschaft. Aber wie? In den meisten Markenartikelanzeigen und Werbespots fehlt der Preis. Werbung vermittelt mitnichten Warenkunde, Qualitätskriterien und erlaubt auch keine Preisvergleiche, sie vermittelt Markenbewusstsein. Deshalb sind

Kinder keineswegs fähig, im Familienrat über Anschaffungen mitzuentscheiden, wenn ihnen die elementaren Fakten wie Preise und Produktbeschreibungen nicht zur Verfügung stehen. Auch wenn sie noch so viele Werbespots gesehen haben, können sie weder das Produkt beurteilen noch ermessen, dass es oft preisgünstige, mit den teuren Marken aber ansonsten fast identische Produkte gibt. Aber das sollen sie ja auch gar nicht. „Wandelnde Markenspeicher", das ist die volkswirtschaftlich bedeutsame Rolle, die ihnen zugedacht ist, sollen sich früh an Marken binden und die Werbesprüche nur nachplappern. Der Einfluss beginnt früh, lange bevor sie finanzielle Zusammenhänge zu verstehen beginnen.

Eltern, die Geldkompetenz vermitteln wollen, stehen in starkem Wettbewerb mit Einflüssen, die zu unüberlegtem Geldausgeben verleiten. Doch sie haben einen unschätzbaren Vorsprung: sie sind näher dran. Während die Konkurrenz immer den Umweg über die Medien nehmen muss, um sich beim Konsument Kind zu Gehör zu bringen, können Eltern den direkten Weg wählen: das Familiengespräch über Geld, Kaufen und Sparen und die Fragen, die damit zusammenhängen. Die Erziehungsbemühungen von Eltern müssen genauso wie die werblichen Anstrengungen der Güterindustrie auf die Konsumwünsche von Kindern zielen, auch eine klare Richtung einschlagen: Ziel ist ein ausgewogenes Verhältnis von Konsumieren und Sparen. In dieser Mitte kann seelische Stabilität wachsen, und wer diesen Mittelweg einschlägt, behält seine Entscheidungsfreiheit. Diese fehlt sowohl dem Verschwender als auch dem Geizhals – beide haben keine Alternative. Und beide teilen einen Mangel: Ihnen fehlt mit der Fähigkeit auch die Erfahrung, immer wieder aufs Neue zwischen Geldausgeben und Sparen abzuwägen.

9. Kapitel
Und was macht die Schule?

Hase und Igel: die Konkurrenz von Kompetenz und Kommerz

Eltern sind in den ersten Jahren die wichtigsten Vorbilder und Vermittler für das Konsumverhalten von Kindern. In der Familie, in der sie aufwachsen, lernen Kinder zunächst die alltagspraktische Seite des Konsumierens kennen; sie begleiten ihre Eltern viele Male beim Einkaufen, bevor sie selbst kleinere Besorgungen erledigen, beobachten ihre Eltern beim Geldausgeben und verfolgen deren Gespräche über Geld. Mit dem ersten Schultag erhalten die meisten ihr erstes Taschengeld, über das sie im Allgemeinen frei verfügen können. Bereits im Grundschulalter schwindet der Einfluss der Eltern merklich. Die Stimmen der Gleichaltrigen, der Schule, des Konsumgütermarktes und der Massenmedien werden immer lauter, ihr Einfluss auf das Konsumverhalten wächst und zwar vor allem in Bezug auf die expressiven und emotionalen Seiten des Konsums. Das Gesamtbild der ökonomischen Sozialisation hinkt: Die kognitive Entwicklung von Kindern und Jugendlichen hält mit dem sozialen Hineinwachsen in die Rolle als Konsument nicht Schritt. Kinder wachsen ganz selbstverständlich mit dem Konsum auf und sind von klein auf in viele Konsumhandlungen eingebunden. Sie beobachten, wie Erwachsene sich verhalten, ahmen sie nach und üben es in Rollenspielen ein. Tatsächlich sind Kinder heute als ausgesprochen konsumkompetent zu bezeichnen. Sie wissen gut Bescheid über Produkte und Marken, kennen die Preise und wissen, wo die Geschäfte liegen; sie äußern Konsumwünsche und können häufig genau sagen, wie viel Geld sie brauchen, um die gewünschten Dinge zu kaufen. Allerdings steht diesem Konsumwissen ein sehr spärliches Wissen über allgemeine wirtschaftliche Zusammenhänge gegenüber. Die Folge: Das Konsumwissen der Kinder speist sich aus dem Marketing, während gleichzeitig die Mechanismen und Ziele dieses Marketings den Kindern verborgen bleiben. Das vermeintliche Konsumwissen von Kindern entpuppt sich daher in erster Linie als eine vom Markt erwünschte und geformte Kompetenz, während die Fähigkeiten zum kritischen Verbraucherverhalten fehlen und aufgrund des mangelnden Verständnisses ökonomischer Zusammenhänge noch gar nicht entwickelt werden können.

Die unzähligen Studien privatwirtschaftlicher Auftraggeber liefern eine Fülle von Daten darüber, wieviel Geld Kinder haben, wofür sie es ausgeben und wieviel sie sparen. Die Geldverwendung von Kindern und Jugendlichen wird akribisch erforscht, was nicht weiter überrascht, denn schließlich sind derlei Erkenntnisse bares Geld wert.

Dass es gelte, Kinder in die Lage zu versetzen, mit Werbung und Konsum umzugehen, liest man oft – nicht nur von konsumfremdelnden kritischen Pädagogen, die Alt-68er Traditionen hochhalten: Werbung ermögliche, heißt es in einem Papier der Deutschen Werbewirtschaft „Kommunikation über Konsum", was „soziales Lernen" nach sich ziehe und dem Erwerb von „sozialer Intelligenz" diene. Eltern wird gern geraten, gemeinsam mit ihren Kindern fernzusehen und über das Gesehene zu sprechen, um auf diese Weise den ärgsten Unsinn augenblicklich entlarven und die krausesten Botschaften zurechtrücken zu können, bevor sie sich in den Kinderköpfen einnisten. Ob es daran liegt, dass sie dazu viel zu müde sind oder froh, dass die Kinder vor der Glotze wenigstens still sind, während sie selbst sich erleichtert ihren eigenen Dingen zuwenden, mag dahingestellt sein. Aber dass in vielen Familien zwar über die Werbung gesprochen wird, jedoch „nur selten eine kritische Aufklärung zu finden ist", stellt eine jüngere Untersuchung aus

Nordrhein-Westfalen neben anderen fest, die zu ähnlichen Ergebnissen kommen. Die Studie der Landesanstalt für Rundfunk, für die Psychologen, Erziehungswissenschaftler und Juristen die Fernsehwerbung bei öffentlich-rechtlichen und privaten Sendern untersucht haben, belegt, was eigentlich alle wissen – dass Kinder sich bei ihren Kaufwünschen deutlich von der Markenwerbung beeinflussen lassen, sich in erster Linie durch Werbung über das unübersichtliche Warenangebot informieren, Marken kennen und wünschen, während sie meist mit den no-name-products nichts anzufangen wissen.

Sachdienliche Hinweise für die erfolgreiche Erziehung zum kritischen Geldverwender bleibt auch die Wissenschaft schuldig. „Die Forschung über die ökonomische Erziehung von Kindern befasst sich vorrangig mit dem Taschengeld oder – allgemeiner gefasst – mit regelmäßigen Geldzuwendungen von Eltern an ihre Kinder," fasst Tatjana Rosendorfer den wissenschaftlichen Erkenntnisstand zusammen. Dabei befassten sich nur wenige Untersuchungen mit der wirtschaftlichen Erziehung in der Familie, mit grundlegenden Einflussfaktoren wie beispielsweise den Gesprächen über Geld oder der Beteiligung der Kinder an finanziellen Entscheidungen in der Familie. Bezeichnenderweise lägen umfassendere deutschsprachige Untersuchungen schon mehr als drei Jahrzehnte zurück. Auch wenn sich die Rahmenbedingungen für den Umgang von Kindern mit Geld drastisch verändert haben, stellen sich damals wie heute grundsätzliche Fragen zum Geld in Kinderhand, seiner Verwendung, den Konsum- und Spargewohnheiten. „Die Entwicklung der modernen Konsumgesellschaft hat die Fähigkeit zum wirtschaftlichen Denken, Disponieren und Entscheiden zu einem notwendigen Bestandteil der Allgemeinbildung gemacht", formuliert ein Wirtschaftswissenschaftler den Konsens. So weit, so gut, aber weiß irgendjemand, wie diese finanzielle Erziehung aussehen soll?

Das Thema Geld und Konsum auf den Stundenplan!

Nach der Familie ist in punkto Geld und Konsum die Schule gefragt. „Kein Kultusministerium hat die Konsumentenerziehung als ein eigenes selbständiges Fach eingeführt", resümiert
Frank Muck das Ergebnis seines detaillierten Überblicks über
didaktische Konzeptionen konsumpädagogischer Maßnahmen
in Schule und Jugendarbeit.

Dabei kommt das Thema Geld nicht nur in der Pause, sondern auch im Unterricht durchaus vor: In der Mathematikstun-
de geht es um Händler, die Gewinne machen und Hausfrauen,
die Gemüsepreise vergleichen, später dann um die Milliarden
in der Wirtschaftsgeografie. Ethische Aspekte von Geben, Nehmen und Teilen kommen im Religions- oder Lebenskundeun-
terricht zur Sprache. PVC-Flaschen, Blechdosen, Phosphate in
Waschmitteln – umweltbezogene Aspekte des Konsums werden im Biologieunterricht durchaus behandelt. Wirtschaftsleh-
re, Arbeitslehre, Sozialkunde oder Hauswirtschaftslehre sind
Fächer, die konsumrelevante Aspekte durchaus berücksichti-
gen. Allerdings gehen auch viele Themen aus diesem weiten
Feld leicht verloren, zum einen, weil ihr Gaststatus im jeweiligen Schulfach die Einordnung in den betreffenden Fächerkanon
erzwingt, zum anderen, weil die Auswahl der Themen vom
Interesse des Lehrers und der Schüler abhängt. Gleichwohl steht
Unterrichtsmaterial in Gestalt von Konzepten zur Projektar-
beit anhand von Fallbeispielen für die Konsumentenerziehung
zur Verfügung – mal handlungsorientiert, mal mehr reflektie-
rend, spielzentriert und situationsbezogen und in Lebenskon-
texte eingebunden. „Vorschlagscharakter haben diese Materia-
lien insofern alle, als sie vom Pädagogen variabel einsetzbar
sind", schreibt Frank Muck in seinem Fazit. Die geschlossene
Vermittlung konsumentenerzieherischer Aspekte harrt noch
ihrer konzeptionellen Umsetzung im Lehrplan.

Doch welche Rolle spielt das Geld, das wirkliche Geld, das
die Schüler in der Tasche haben, das sie im Kiosk am Schulhof

auf den Kopf hauen, das sie sich von ihren Freunden borgen und das ihnen die Größeren gelegentlich aus dem Ranzen klauen, das sie ihren Eltern morgens aus den Rippen leiern, in der Schule? Was lernen Schüler über Einkommen und Auskommen, Habenwollen und Verzichten, Schuldenmachen und Abwägenkönnen? Das echte Geld, für das die Kinder später einmal jeden Morgen aufstehen werden, das ihnen den Alltag erleichtern oder das Gemüt beschweren wird, das Geld, über das sie am Arbeitsplatz und in der Familie diskutieren werden, das ihnen Sorgen machen wird, wenn sie damit nicht umgehen können, dieses Geld gehört offenbar nicht zum Unterricht. Fünftklässler, deren Eltern sich enorm winden, um ihnen den Gegenwert von einem Paar Markenturnschuhen zu verdeutlichen (120 Kulis? Drei Tage Miete? Ein Tag Abwesenheit von Mama?), 13-Jährige, die keine Ahnung haben, was eine Rolle Klopapier kostet, Schulabgänger, die noch nie eine Überweisung ausgefüllt haben, die nicht wissen, wie man einen Versicherungsvertrag ließt oder was das Kleingedruckte im Leasing-Vertrag zu bedeuten hat, sind keine Seltenheit. Kinder wissen oft nicht genau, was ihre Eltern tagsüber tun und können sich nur vage vorstellen, was diese Zeit außer Haus mit den Süßigkeiten zu tun hat, die sie sich am Kiosk kaufen. Der Zusammenhang von Geld und Arbeit entzieht sich weitgehend der direkten Beobachtung. Ob Gehalt oder Sozialhilfeleistungen, Kindergeld, Wohngeld oder Miet- und Zinseinnahmen das Einkommen der Familie ausmachen: Ihr Verständnis für die Herkunft der Geldes kann sich erst dann entwickeln, wenn sie die Funktionsweise des Systems, in dem das Geld verdient wird, verstanden haben – und das kann teilweise erst im Jugendalter sein, aber es wächst nicht von selbst.

Genauso wenig geben die Weiterungen um die Klamotten, mit denen in den Klassen Wett-Anziehen gespielt wird, die Rucksäcke und Schulutensilien, mit denen man beim Banknachbarn punktet, in der wertvollen Bildungszeit zwischen den Pausen ein achtbares Thema ab. Wenn die einzige erzieherische

Geste der Eltern darin besteht, den Kindern ausreichend Taschengeld zu bezahlen und die Sache mit dem Geld damit auf sich beruhen zu lassen, ihnen zuerst ein Sparbuch anzulegen, um sie zum Sparen anzuhalten und dann ein Konto einzurichten, um sie das Geldeinteilen zu lehren, ist das zuwenig. Man kann sie nicht mit dem Wissen von gestern auf die Welt von morgen vorbereiten. Unsere Großeltern hatten einen Sparbuch unter dem Kopfkissen und eine Keksdose, um das Klappergeld sicher aufzubewahren. Unsere Kinder sind mit dem Leasingvertrag, dem Ratenkredit und der Kreditkarte groß geworden. Indem wir ihnen allenfalls Sparsamkeit als Tugend im Geldumgang nahelegen, erliegen wir einem Märchen, das mit der modernen Wirtschaft nicht das Geringste zu tun hat. Wäre es nicht vernünftiger, dass sie lernen, mit Vernunft auszugeben, dass sie in unserer konsumverrückten Gesellschaft ihre Urteilsfähigkeit entwickeln? Erziehung müsste anleiten „zu einem kritisch-reflektierten Verhalten gegenüber dem übermächtigen Ansturm dessen, was an Konsumangeboten vor allem auf junge Menschen einwirkt" – soweit besteht Einigkeit über die Marschrichtung der methodisch-didaktischen Konzepte einer Konsumentenerziehung innerhalb und außerhalb der Schule. Der pädagogische Fallout ist in aktuellen Schlagworten von Schuldenfallen, Konsumerziehung und Werbekompetenz noch erkennbar. Aber er erinnert ein wenig an den Wettlauf von Hase und Igel. „Ich bin schon da", ruft der Kommerz-Igel, wenn der Kompetenz-Hase mal wieder außer Atem ans Ziel hechelt. Der Konsumbegriff muss so weit gefasst werden, wie er reicht und er darf bei der rasanten Kommerzialisierung der Alltagswelt von Kindern und Jugendlichen nicht enden.

Werber auf Schülerjagd: Schulmarketing

Schulgebäude, Klassenzimmer und Pausenhöfe waren lange Zeit für die Werbung tabu. Doch das ändert sich gerade. Öffentliches Geld ist knapp, Lehrmaterial und Instandhaltungskosten der werbefreien Inseln hingegen teuer. Die gigantische Zielgruppe der 13 Millionen Schüler an rund 34 000 Schulen verfügen über eine Kaufkraft von etwa 35 Milliarden Mark. Die Rechnung geht auf. Seit einigen Jahren kann die Zielgruppe mit beträchtlichem Marktpotential nun auch mit unterschiedlichen Marketinginstrumenten bearbeitet werden. Ambientmedia, Plakate und vor allem das Sponsoring ist eines der beliebtesten Werbeformen, die an Schulen zum Einsatz kommen. Mittlerweile betrachten Eltern, Lehrer und Schüler Aktionen wie „Schulen ans Netz" mit weniger Argwohn, ist es doch eine hochwillkommene Gelegenheit, Schulen mit PCs und Zubehör auszustatten, die man aus eigener Tasche oder der Landeskasse nicht finanzieren könnte. Wenn Firmen in die technische Ausstattung von Schulen investieren, erfüllen sie eine der wichtigsten Vorgaben, die Schulbehörden der Länder gewahrt sehen wollen. „An deutschen Schulen sind nur Marketingmaßnahmen zugelassen, die pädagogisch sinnvoll sind und den Schulbetrieb nicht stören", heißt es bei der Kultusministerkonferenz. Die Spanne des Erlaubten reicht von einem grundsätzlichen Verbot in Baden-Württemberg bis zu einer grundsätzlichen Erlaubnis in Berlin. Die Entscheidung trifft der Schulleiter in Absprache mit der Schulbehörde. Viele ergreifen selbst die Initiative und wenden sich mit Bittgesuchen an die Unternehmen. Fast drei Viertel aller Rektoren würden gern Werbung zulassen, um ihre Schulen besser ausstatten zu können, lautet mit Blick auf einschlägige Befragungen eine Branchenschätzung.

Zum Beispiel mit Basketbällen – sponsored by iobox (Handydienste) und Lipton Ice Tea, wie das Branchenblatt „Absatzwirtschaft" meldet. „Die sympathische Vernetzung durch das Schul-Engagement per BasketBoards ist eine gute Abrundung unserer Marketing-Aktivitäten", freut sich der Marketing Manager iobox Deutschland. Basketball entwickelt sich zum angesagten Sport, prominente Spieler wie Michael Jordan sind Kultfiguren. Zitiert wird eine niederländische Studie, die schon 1999 einen Wiedererkennungswert bei Schülern von bis zu 31 Prozent bei wöchentlichem Besuch des Basketballplatzes ermittelte. Außerdem stellt die Untersuchung fest, dass die Opinionleader in der Schülergemeinschaft häufig eine Präferenz für Basketball haben. Es lohnt sich immer, für ein gutes Ergebnis ein paar Bälle ins Spiel zu werfen.

Sponsoring von Computern und Sportgerät ist erst der Anfang, auch klassische Werbeträger wie Plakate und Anzeigen in Schülerzeitungen erfreuen sich wachsender Beliebtheit. Markus Holzmann, Geschäftsführer der spread blue media group, nach eigenen Angaben Marktführer im Schulmarketing, erläutert im Interview mit der „Absatzwirtschaft" die Möglichkeiten: „Außerdem bieten wir Werbung in Schulheften und Hausaufgabenheften an. Umschlagseiten und Löschblätter können von einem oder mehreren Unternehmen gebucht werden und werden von uns bundesweit oder regional begrenzt in einer Auflage von 300 000 bis 500 000 Stück kostenlos an Schulen verteilt. So haben wir zum Beispiel für Sony eine Kampagne mit einem Mix aus Anzeigen, Schulheften und Plakaten an Grundschulen und weiterführenden Schulen arrangiert."

Schülern ist es bei weitem nicht egal, in welcher Art die Wände des Gebäudes genutzt werden. Nur wenige halten es für moralisch anstößig, die Schule als Werbefläche zu missbrauchen, erörtert eine Schülerin in einem Leserbrief an DIE ZEIT die Sachlage. „Werbung nervt einfach!", zitiert sie die herrschende Meinung übers Schulmarketing in ihrer Klasse, denn die Vorstellung, „jeden Tag und ohne Ausweg, wegzappen ist unmöglich, dieser Werbung ausgesetzt zu sein, ist, gelinde gesagt, erschreckend."

Jacke wie Hose: Schuluniformen statt Markenstress

Eine Hamburger Schulklasse hat die Lawine losgetreten. Seit Beginn des Schuljahres streifen die Schüler der Klasse 5 b jeden Morgen ihr waldgrünes Sweat-Shirt über: Bis zur Tischkante sind sie jetzt alle gleich. Diese außergewöhnliche Entscheidung einer staatlichen Schule spricht sich herum wie ein Lauffeuer – die Diskussion über Schuluniformen ist losgetreten. Die Schule steht im Mittelpunkt des Medieninteresses, auf Elternabenden und in Lehrerzimmern anderer Schulen wird heftig diskutiert, ob Schuluniformen den materiellen Konkurrenzdruck im Klassenzimmer eindämmen können. Doch während die Gegner der einheitlichen Schulkleidung die Gleichmacherei, den wiederbelebten Konservatismus und die optische Langeweile ins Feld führen, wittern Lehrer, Elternsprecher und Schulleiter Morgenluft. Sie hoffen, dass der Markenzwang durch Schuluniformen zurückgehe und soziale Unterschiede nicht mehr so sehr zu sehen wären. Der Druck werde immer größer, Schüler, die nicht solche Sachen trügen, würden regelrecht geschnitten – „Markenzwang ist eine der bösesten Sachen, die mir je begegnet sind", sagt ein Berliner Schulleiter. Er sähe gerne, wenn die Schuluniform nicht nur die Oberbekleidung, sondern auch Hosen und Röcke bis hin zu den Schuhen umfasste. Gleich vom Scheitel bis zur Sohle? In Ländern, wo die Schuluniform zum Alltag gehört, drücken Schüler ihre Individualität durch Tücher, Ketten und Anhänger aus. Es kommt dem Gemeinschaftsgefühl nur zugute, wenn Klassenkameraden mit weniger markenzeichenbestücktem Outfit nicht länger als Außenseiter auffallen, während sich andere mit angesagten Labels profilieren. Gemeinsamkeit macht stark – in der Bundesliga kicken ja schließlich auch alle im gleichen Trikot. Protest legen die Schüler ein: „Die Kinder sollen anziehen dürfen, was sie wollen", sagt der 10-jährige Niklas entschieden. Auch der 16-jährige Lars wehrt sich: „Nach Schulschluss wird sowieso wieder jeder mit seinen Markenklamotten angeben." Die 14-jährige

Silke befürchtet in einem Artikel der Schülerzeitung der Realschule Rockenhausen, dass es langweilig wäre, wenn alle in den gleichen Kleidern herumlaufen würden und nennt als größten Nachteil: „keine Entfaltung der Persönlichkeit und des Geschmacks, weil jeder dasselbe trägt." Andererseits fasst sie die Vorteile zusammen: „Man kann die Unterschiede zwischen arm und reich nicht erkennen; es kommt nicht dazu, dass die Schüler aufeinander neidisch sind; die Schüler brauchen nicht jeden Morgen zu überlegen, was sie anziehen; die Eltern brauchen nicht so viel Geld für Kleider auszugeben."

Inzwischen überwiegen die Befürworter des uniformierten Klassenzimmers – mit guten Gründen. Eine Leserumfrage des Berliner Tagesspiegels im März diesen Jahres ergab: Drei Viertel aller Anrufer stimmten für den einheitlichen Look im Klassenzimmer. Schuluniformen sind auch in Zeiten der Springerstiefel eine bedenkenswerte Alternative, sie stärken überdies den Zusammenhalt der Schüler und die Identifikation mit der Schule. Gerade weil man sie auf der Straße erkennen kann und ihre Zugehörigkeit leichter festzustellen sei, benähmen sie sich auch besser, betont die Leiterin einer englischen Privatschule in Köln, die vor zwei Jahren die einheitliche Kleidung eingeführt hat, ganz so wie in England. Im Ausland überwiegen die guten Erfahrungen, betont der Hamburger Schulleiter, dessen Schule den Startschuss für die Debatte um die Einheitskluft im Klassenzimmer, wenigstens bis zur Tischkante, gab. Er selbst hat auch in einer chilenischen Schule unterrichtet und erinnert sich, dass die Kleinen die Schulkleidung leichter akzeptiert hätten. „Die älteren Schüler nörgelten oft dagegen, doch letztlich haben sie sich alle damit zurechtgefunden." Schuluniformen hin oder her – zumindest lenkt sie von Äußerlichkeiten ab und erlaubt, hinter dem Label das Kind zu entdecken: Ihm selbst seien die Schüler mit ihren Neigungen und Eigenarten besser in Erinnerung geblieben, hält der Schulleiter seinen stärksten Eindruck vom einheitlichen Ausdruck fest.

10. Kapitel
Geldnot und schwere Zeiten

Armut und prekärer Wohlstand

Hans-Olaf Henkel kennt keinen Armen. „Gehen Sie doch mal durch die Straßen und suchen sie sie, die Armen. Ich finde sie nicht", sagte der scheidende Präsident des Bundesverbandes der Deutschen Industrie im Gespräch mit dem Berliner „Tagesspiegel" im November des vergangenen Jahres. Vielleicht hätte er auf dem Spielplatz, auf dem Schulhof oder in Sozialbauwohnungen welche gefunden: Jedes fünfte Kind und jeder fünfte Jugendliche im Alter bis zu 15 Jahren wächst in (Einkommens-) Armut auf. Ob man in Kalkutta oder Köln als Armer lebt, macht einen großen Unterschied aus. Doch in beiden Städten ist Armut der Ausdruck extremer sozialer Ungleichheit. Absolut arm sind Menschen, deren Überleben gefährdet ist, die nicht über Wohnung, genügend Nahrung oder Kleidung verfügen. Rund 1,2 Milliarden Menschen lebten im Jahr 2000 in absoluter Armut, hat die UNO errechnet. Sie haben weniger als einen US-Dollar am Tag zum Leben. Solche existenzbedrohende Armut ist in den reicheren Industriestaaten äußerst selten. Trotzdem gibt es Armut – so genannte relative Armut.

Als arm gilt nach dem Armutsbericht des Deutschen Gewerkschaftsbundes ein Alleinstehender in Westdeutschland, der weniger als 1040 Mark monatlich, in Ostdeutschland, der weniger als 855 Mark im Monat zur Verfügung hat. Für jeden weiteren Erwachsenen im Haushalt werden 70 Prozent des Betrages, für jedes Kind 50 Prozent hinzugerechnet. Eine Alleinerziehende mit einem Kind gilt als arm, wenn sie weniger als 1560 Mark zur Verfügung hat.

179

Armut im reichen Deutschland bedeutet vor allem fehlende Teilhabe und soziale Ausgrenzung. Von Armut bedroht seien vor allem Arbeitslose, Geringqualifizierte, Zuwanderer, allein Erziehende sowie Paare mit drei und mehr Kindern, so das Fazit des jüngst veröffentlichen ersten Armutsberichtes der Bundesregierung. Arm sind nicht länger nur Obdachlose, Gelegenheitsarbeiter, ausländische Mitbürger, Sozialhilfeempfänger und eine Randschicht von sozial schwachen Haushalten, die oftmals in der Generationenfolge in Armut lebten. Das Armutsrisiko ist seit Mitte der 80er Jahre in die mittleren Gesellschaftsschichten vorgedrungen und damit auch in ganz normalen Familien angekommen. So zählt zur Gruppe der Niedrigeinkommensbezieher, die weniger als 60 Prozent des Durchschnittseinkommens verdienen, etwa jeder fünfte Bundesbürger – und sogar 45 Prozent aller Westdeutschen waren im Zeitraum von 1984 bis 1992 wenigstens ein Jahr lang hiervon betroffen. Damit hat sich die Perspektive geändert: Armut und niedrigste Einkommen sind nicht mehr das Schicksal einer kleinen, randständigen und sozialpolitisch vernachlässigten Gruppe, sondern das Armutsrisiko gehört heute zur Lebenswirklichkeit einer großen Zahl von Normalbürgern, Normalarbeitnehmern und Normalfamilien. Die Einkommensverteilung der Bundesrepublik weist aus, dass neben den etwa 9 Millionen Einkommensarmen weitere 20 Millionen Bundesbürger im prekären Wohlstand leben; sie erzielen nicht mehr als 50 bis 75 Prozent des Durchschnittseinkommens. Insgesamt steht somit jeder dritte Bundesbürger in unsicheren finanziellen Lebensverhältnissen. Hinzu kommt, dass die Sozialstruktur sich spreizt – die Schere zwischen reich und arm öffnet sich immer weiter: Haushalte im prekären Wohlstand nehmen ebenso zu wie Haushalte im gehobenen Einkommensbereich. Im sozialen Lebensstandard der Bundesrepublik klafft die Schere – die gesellschaftliche Norm des „guten Lebens" erreichen immer weniger Kinder und Jugendliche.

Familienarmut hat viele Gesichter

Dass es immer mehr Kinder und Jugendliche trifft, hängt mit strukturellen Veränderungen zusammen, die sich seit etwa zehn Jahren abzeichnen. Bis etwa Mitte der 80er Jahre lebten überwiegend ältere Menschen und Frauen mit unzureichender Rente in Armut. Heute ist die Hauptursache für Armut die Arbeitslosigkeit, die besonders Menschen zwischen 20 und 55 Jahren trifft – in einem Alter, in dem die meisten Kinder haben. Aus diesem Grund erleben immer mehr Kinder über kürzere oder längere Zeit, dass das Geld nicht reicht. Außerdem hat der Anteil von Alleinerziehenden in den letzten Jahren stark zugenommen, etwa 15 Prozent aller Familien zählen dazu, von ihnen lebt mehr als ein Drittel an der Armutsgrenze. Kinderreiche Familien stellen eine weitere Bevölkerungsgruppe dar, die von Armut bedroht ist. Kinder kosten monatliche etwa 500 bis 800 Mark, bei drei und mehr Kindern kommen schnell Ausgaben zusammen, die eine normalverdienende Familie in den Bereich der Einkommensarmut drängen. Familien mit drei und mehr Kindern sind zu 46 Prozent in Ostdeutschland und zu 31 Prozent in Westdeutschland arm.

Die Schere zwischen arm und reich teilt auch die heranwachsende Generation, deren Lebensbedingungen sich immer weiter auseinander entwickeln – mit zum Teil erheblichen Auswirkungen auf deren Wohlbefinden, Teilhabemöglichkeiten und Lebenschancen.

Kinder und Jugendliche trifft die Armut besonders hart, weil sie die Teilhabe am gesellschaftlichen Leben einschränkt. Denn Kinder und Jugendliche orientierten ihre Chancen auf Teilhabe in Konsum und Freizeit an einer sozialen Welt, die ganz überwiegend dem Lebensstil der oberen Hälfte des sozialen Spektrums entspricht. Mithalten zu können – in der Schule, der Clique, der Nachbarschaft – ist wichtig und fordert tagtäglich Vergleiche heraus. Die kommerzielle Werbung und die Massenmedien unterstreichen und verstärken diese Tendenz.

Das Aufwachsen in Armut kann deshalb zu einer psychosozialen Belastung fortschreiten, die einen Ausschluss aus vielen sozialen und kulturellen Lebensbereichen nach sich zieht und damit auch Lebenschancen beeinträchtigt. Kinder und Jugendliche erleben Armut als unmittelbaren Schicksalsschlag; sie können weder selbst an ihrer Lebenslage etwas ändern noch können sie die Folgen mit Haltungen kaschieren, die den Älteren doch mehr zu Gebote stehen. Nicht nur Schiebewurst und Blümchenkaffee, die schönfärberischen Bezeichnungen der Großeltern für ein kleines Stückchen Wurst auf einem großen Brot und spärlich dosiertes Kaffeepulver stehen für einfallsreiche Wortschöpfungen von Erwachsenen der Weltkriegsgeneration, Erwachsene können auch Zwangslagen leichter in freigewählte Verzichtsentscheidungen umdeuten. Ein Kind, das aus finanziellen Gründen nicht an der Klassenfahrt teilnehmen kann, empfindet diesen Umstand als Schmach und wird ihn kaum als Unlust auf das gewählte Reiseziel schönreden. Nicht mithalten zu können enlarvt sich in vielen jugendlichen Lebenslagen als Mangel, den noch dazu die Gleichaltrigen umgehend aufdecken, selbst wenn ein Kind aus Not tugendhafte Lügen vorgibt.

Arm dran?

Das Aufwachsen in einer armen Familie beeinflusst das Leben von Kindern und Jugendlichen direkt, unmittelbar und nachhaltig. Sie erleben, dass andere Kinder in den Urlaub fahren und sie selbst zu Hause bleiben müssen. Sie gehen seltener in den Zoo, ins Kino oder zum Heimspiel der Lieblingsmannschaft – Freizeitaktivitäten sind, verglichen mit denen der anderen Kinder, eingeschränkt. Sie registrieren, wie gering ihr Taschengeld im Vergleich zu dem der Übrigen ausfällt und machen sich Sorgen, ob ihre Eltern den Beitrag für den Fußballverein noch bezahlen können. Nicht wenige leiden, wenn sie beim Outfit und

Freizeitzubehör nicht mithalten können und statt im Flagship-store abzushoppen im Second-Hand-Laden sorgsam Preise vergleichen müssen.

Wie Kinder und Jugendliche solche feinen Brüskierungen verarbeiten können, hängt von ihrer Empfindlichkeit für Statusangelegenheiten ab. Je deutlicher jedoch in Klasse und Freundeskreis die Bosheiten werden, die schon durch unbedachte und ungezielte Bemerkungen als Kränkungen aufgefasst werden, desto empfindlicher treffen sie ein Kind. In einer reichen Gesellschaft wie unserer, die auf ihrem hohen Konsumniveau besonders auf die kleinen Unterschiede in Auftreten, Kleidung und Attitüde achtet, können deswegen gerade auch für Kinder, die sehr sensibel beobachten, diese feinen Abweichungen hohe Belastungen bergen, sowohl für das eigene Verhalten als auch für die Wertschätzung, die man sich selbst gegenüber aufbringt.

Aber nicht alle Kinder erfahren Armut als Schicksal, das sie mit der Unerbittlichkeit einer Naturgewalt an den Rand drängt; viele meistern ihre Lebensumstände. Von den 2,8 Millionen unter 15-Jährigen, die in der Bundesrepublik in Armut leben, erfahren nicht alle, dass ihre Entwicklungschancen schwer beeinträchtigt sind. Auch innerhalb dieser Gruppe wächst ein großer Teil von ihnen unbeeindruckt von der objektiven Lebenslage auf und berichtet in Umfragen ein subjektiv hohes Wohlbefinden. Daraus politische Entwarnung oder sozialromantische Verharmlosung abzuleiten, wäre hingegen völlig verkehrt. Der erste Armutsbericht der Bundesregierung im Frühjahr diesen Jahres ist auch ein Armutszeugnis, weil er zeigt, dass besonders Familien dem Verarmungsrisiko ausgesetzt sind. Gesellschaftspolitische Forderungen, Familien wirtschaftlich nicht länger schlechter zu stellen als Haushalte ohne Kinder, das Erziehungsengagement von Vätern nach Kräften zu stützen und die Vereinbarkeit von Beruf und Familie über ausreichende öffentliche Betreuungsangebote zu ermöglichen, verlieren nichts von ihrer Brisanz. Aber Kurzschlüsse wie „Armut führt zur Gewalt" oder „Armut führt in den Drogenmissbrauch" sind eben

Kurzschlüsse, und falsch sind sie dazu. Der größere Teil der Kinder und Jugendlichen in Armut wächst in einer bescheidenen, aber unauffälligen Familiensituation heran, in der eine Orientierung an den Normen und Werten der bürgerlichen Gesellschaft nicht nur hoch geschätzt wird, sondern oftmals sogar die einzige Form der Teilhabe an der Gesamtgesellschaft darstellt. So heißt es auch in den Entwürfen für den Armutsbericht, dass Familienhaushalte sich in ihren Fähigkeiten unterscheiden, auch bei niedrigen Einkommen gute Ergebnisse in der Alltagsbewältigung zu erzielen. Gleichzeitig könnten auch bei den höheren Einkommen nur bedingt Defizite der Eltern etwa bei der Erziehung ihrer Kinder kompensiert werden.

Eltern sind das Scharnier

Eine ganz wichtige Rolle kommt den Eltern als Vermittler, Deuter und Erklärer der sozialen Umwelt zu. Behalten die Eltern auch in einer Phase der relativen Armut die Souveränität, den Kindern eine selbstbewusste und zuversichtlich getönte Beziehung zu vermitteln, dann können die Kinder Anwürfe, Zurücksetzungen und Mangel gut ertragen. Genau da liegt aber das Problem: Wenn das Geld knapp ist, zeigen sich die Eltern untereinander, aber auch gegenüber den Kindern belastet, gestresst und weniger zugewandt. Die Zahl der Kräche steigt, sobald sie ihre gewohnten Verhaltensweisen und Konsummuster nicht fortführen können und stattdessen Konsumwünsche verschieben oder ganz aussetzen müssen. Diese Belastung springt schnell auf die Beziehung der Eltern über und strahlt von hier auf das Erziehungsverhalten aus – aber genau von hier und nicht vom Kontostand aus. Eltern, die jede Mark dreimal umdrehen müssen, sind in der Regel gerade nicht gelassen, sie sind verunsichert, angespannt und verkrampft. Irritationen, die in Aggression und Störungen auf der Beziehungsebene münden, sind nicht selten die Folge. Besonders stark sind Männer und Väter von diesem Spannungsverhältnis betroffen, wenn sie ihre traditionell vorgesehene Rolle als Haupternährer der Familie nicht mehr ausfüllen können. Finanzielle Engpässe, etwa durch Arbeitslosigkeit hervorgerufen, bedeuten auch eine Amputation von tragenden Elementen der Männerrolle, die viele nicht souverän verarbeiten können. Frauen und Mütter hingegen sind aus ihrer Rollentradition eher ausgleichende und zurückweichende Verhaltensweisen gewohnt – die Expertinnen des „kleinen Geldes" haben in der Regel schon von ihren Müttern nicht nur gelernt, Vaters Gehalt mit Pellkartoffeln und Quark zu strecken, sondern auch, nicht allzu hoch einzuschätzen, wovon man wenig hat. Sie leiden zwar nicht weniger unter der finanziellen Knappheit, kommen aber besser damit zurecht, wie auch das Gutachten „Die wirtschaftlichen Folgen von Trennung und Scheidung" des Bundesfamilienministerium vom Sommer 2000 anschaulich macht. Trennung und Scheidung haben die stärksten Auswirkungen auf die Höhe des Haushaltseinkommens. Die Belastungen zwischen den Geschlechtern sind allerdings ungleich verteilt. Das Pro-Kopf-Einkommen der Frauen sinkt um durchschnittlich 44 Prozent, das des Mannes nur um 7 Prozent. Dieser ungleichen Belastung entspricht jedoch nicht die subjektive Wahrnehmung der generellen Situation nach der Trennung. Im Gegenteil: Frauen bewerten ihren wirtschaftlichen Einbruch weniger dramatisch als Männer ihre relativ geringe finanzielle Einbuße. 28 Prozent der Frauen schätzen ihre Lage besser ein als vor der Scheidung, bei den Männern sind es nur 24 Prozent. Über ein Viertel der geschiedenen Männer, die gar keine Einkommenseinbußen hinnehmen mussten, bezeichnen ihre finanzielle Lage trotzdem als verschlechtert. Dieser Widerspruch zwischen Fakten und subjektiver Wahrnehmung zeigt, dass die persönliche Bewertung von unangenehmen Lebenslagen wie Trennung und Scheidung nicht in erster Linie von materiellen Faktoren abhängt.

Klamm im Kapitalismus: Geldmangel als schwere Kränkung

Armut ist zweifellos bitter – aber Armutsgefühle entstehen schon jenseits der absoluten Armut in der relativen, der Einkommensarmut. Ganz ähnlich wie der Unterschied zwischen gemessener und gefühlter Kälte verhält sich der Zusammenhang zwischen Armut und Armutsgefühlen: Der materielle Wohlstand in Deutschland ist in den vergangenen Jahrzehnten quer durch alle Einkommensschichten stark gestiegen. Hungern muss – theoretisch – niemand. Das soziale Netz ist eng geknüpft; für fast alle Bürger ist eigener Wohnraum, eine Waschmaschine, Telefon oder ein Fernsehgerät selbstverständlich geworden. Armut ist jedoch nicht verschwunden, denn die Bezieher niedriger Einkommen fühlen sich gegenüber Besserverdienenden benachteiligt. Trotz gestiegener Löhne und Sozialleistungen empfinden sich viele weiterhin – subjektiv – als arm, obwohl sie in der Regel reicher sind als ein Armer noch in den 80er Jahren. Empfindungen von Entbehrungen stellen sich ein, wenn hohe Konsumstandards auf hohem Niveau unterschritten werden. Ob jemand sein Konsumniveau unterschreitet, das er prinzipiell für sich beansprucht, das er an Mitmenschen wahrnimmt, mit denen er sich vergleicht oder das er bislang in gewohnter Weise verwirklicht hat, bedroht seine Ich-Identität unweigerlich, wenn er den Konsum mit Selbstwert gleichsetzt. Wo gesellschaftliche Teilhabe über Konsumteilhabe vollzogen ist, etabliert das Ausmaß des Kaufenkönnens eine allgemein verbindliche Skala, an der sich alle Gesellschaftsmitglieder, ob arm oder reich, messen. Die Rechtfertigung für das Aufrechterhalten hoher Konsumstandards erwächst aus der berechtigten Teilhabe am hohen volkswirtschaftlichen Wachstum, zu dem die ausgeprägte Konsumorientierung der Bevölkerung selbst auch beiträgt. Erleben die Menschen in diesem Zusammenhang die Bewahrung oder gar Steigerung ihres erreichten Standards als Selbstwertgarantie, dann steigt Wirtschaftswachstum zu einem selbstverständlichen Leitwert auf, der jede gesellschaftliche Diskussion über die Berechtigung dieser Wertsetzung lähmt. Mehr noch: Sinkende Wachstumsraten erscheinen sogleich als massive Bedrohung der Freiheit, wobei die politische und persönliche Freiheit schleichend zum Anhängsel der Konsumfreiheit wird.

Die allerstärksten Einflüsse in unserer Gesellschaft zielen für Heranwachsende auf Haben, Genießen und Gelten. Die Verlockungen der Konsum- und Spaßgesellschaft und reiche Freunde üben einen starken sozialen Druck aus. Er erzeugt bei jenen, die nicht mithalten können, Gefühle der Benachteiligung, des Neides und der Minderwertigkeit. Auf diesem Hintergrund muss Geldmangel als eine schwere Kränkung erlebt werden – und zwar umso stärker, je stärker die Neigung ausgeprägt ist, sich ausschließlich über Konsumteilhabe zu definieren. Dennoch: Armut ist für die Entwicklung von Kindern und Jugendlichen strukturell ungünstig. Die tägliche Auseinandersetzung mit wirtschaftlich bedingten Problemen ist energiezehrend, kräfteraubend und lenkt die Aufmerksamkeit auf ausweichendes Verhalten. Eine gesunde Bedürfnisbefriedigung und produktive Bewältigung wird deswegen nur für diejenigen Kinder und Jugendlichen möglich sein, die über eine starke Persönlichkeit und gute, belastbare Beziehungen in der Familie und zu Freunden verfügen. Nur in wenigen Fällen wird die relative Armut zu einer stimulierenden Situation, die Phantasie und Antrieb für neue produktive Lösungen in der Entwicklung der Persönlichkeit weckt und sie am Ende stärkt. Schwierig wird vor allem für Kinder mit einer schwächeren Persönlichkeitsstruktur das Ausbalancieren von Realitäts- und Lustprinzip und die Bewältigung der Eindrücke bei statusempfindlichen Fragen, die sie aus ihrer unmittelbaren Umgebung gewinnen.

Gibt es Schlimmeres als Schulden, wichtigeres als Geld?

Sechs und acht Jahre alt waren die beiden Brüder, als sie von ihren Eltern erfuhren, dass sie umziehen müssten – in eine kleinere Wohnung. „Lasst ihr euch jetzt scheiden?", fragten sie sofort. In ihrem Alter hatten sie genug Freunde und Klassenkameraden, um zu wissen, dass so etwas passiert. Ihre Eltern beruhigten sie, dass die Familie zusammenbleiben würde, selbst wenn sie auf den Campingplatz ziehen müssten und die beiden waren zufrieden, kooperativ und äußerst einfallsreich. Je jünger die Kinder sind, desto weniger scheinen sie unter finanziellen Schwierigkeiten zu leiden. Weihnachten stand vor der Tür und den zaghaften Hinweis ihrer Mutter, dass die Geschenke dieses Jahr nicht so üppig ausfallen würden, übergingen sie mit einem Achselzucken. Es war der Ältere, der mit dem Vorschlag rausrückte, den Heiligabend ein paar Tage zu verschieben, um das Geld für den Weihnachtsbaum zu sparen. Denn spätestens drei Tage nach dem Fest lägen die Weihnachtsbäume auf der Straße, „und dann sind sie noch richtig frisch".

Welche wahre Bedeutungsschwere Trennung für Kinder besitzt, lässt sich einer Darstellung entnehmen, die bisher leider kaum Beachtung fand: In einem 1994 zum „Internationalen Jahr des Familie" vom Bundesministerium für Familie und Senioren herausgegebenen Taschenkalender findet sich eine Tabelle aus einer amerikanischen Studie (Samuels & Samuels, 1986), wonach der Gedanke, ihre Eltern könnten sich scheiden lassen, Kindern einen kaum noch steigerbaren psychischen Stress bereitet. Noch bedrohlicher ist lediglich die Schreckensvorstellung, ein Elternteil wäre plötzlich gestorben, doch das wird niemanden überraschen. Diese Reihenfolge fällt für alle Altersstufen vom Kindergartenalter über Grundschulalter bis zum Hauptschulalter gleich aus. Alle anderen möglichen Schreckensvorstellungen fallen dahinter weit zurück: Tod eines Geschwisterkindes, Zunahme der Auseinandersetzungen zischen den Eltern, Abwesenheit des Vaters, selbst die Entde-

ckung, ein Adoptivkind zu sein, ist schlimmer als der Arbeits-
platzverlust eines Elternteils – dieses Ereignis löst bei den Kindern am wenigsten Angst aus.

Welcher Vater und welche Mutter wird von ihren Kindern, so
wie von der Welt, ihres Geldes wegen geliebt? Dass man auch
auf andere Weise zum Wohlbefinden beitragen kann als mit seinem Gehalt, ist eine schlichte Wahrheit, die leicht in Verges-
senheit gerät, wenn sich alles nur ums Geld dreht. Doch Eltern
haben gute Chancen, sie wieder zum Leben zu erwecken: Sie
haben die Erfahrung schließlich schon gemacht, dass ein Baby
kein Bankkonto besitzt und trotzdem die wichtigste Person im
Haus ist.

Sicher legen Kinder in bestimmten Altersstufen einen ungeheuren Wert auf Geld, aber sie lieben einen Menschen für das,
was er ist und was sie mit ihm zusammen erleben und nicht
wegen seiner ausgeklügelten Anlagestrategien an der Börse, seiner Gehaltserhöhung oder seiner Bereitschaft, für einen hip-
pen Anorak zwei blaue Scheine hinzublättern – auch wenn es
manchmal so aussieht.

Das Rüstzeug für schwere Zeiten

Geldprobleme sind zweifellos schwere Belastungen; aber sie
sind doch weniger drückend als Sorgen um die Kinder, weniger
schmerzlich als Liebeskummer, und sie bringen weniger Ver-
zweiflung als der Tod eines geliebten Menschen. Eltern, die dem
gesellschaftlichen Trend, immer mehr Konsumgüter für selbstverständlich zu halten und Familien, die zum Konsumverzicht
bereit oder entschlossen sind, können Perioden der Arbeitslosigkeit oder Einkommenseinbußen besser meistern, in denen
man auf einiges verzichten muss, was man nicht mehr bezahlen kann. Wenn der gewohnte Komfort zum einzigen Lebensinhalt geworden ist, wird es schwierig, den Bankrott zu einem

weiteren Familienabenteuer umzudeuten. Die tapfere Gelassenheit aufzubringen wie eine Mutter in Edith Nesbits Roman „Die Eisenbahnkinder", die ihren Kinder schonend beibringt, „Jetzt müssen wir spielen, dass wir bettelarm sind. Von heute an gibt es nur noch Butter oder Marmelade, aber nicht beides auf dem Brot", fällt uns heute schwer, weil wir erfüllt von dem Wunsch, unseren wenigen Kindern wirklich alles zu geben, schon kleine Einschränkungen für unzumutbar halten. Auf den zweiten Blick halten missliche Lagen aber durchaus auch Chancen für persönliches Wachstum bereit, weil sie die Aufmerksamkeit auf eigene Ressourcen lenken. Wohlerwogene Zurückhaltung im Konsum ist ein Schritt zu wirklicher, innerer und äußerer Freiheit, weil er über Auswahl und Entscheidung den Genuss erst ermöglicht. Konsum soll dienen – der Bequemlichkeit, dem Vergnügen, aber er soll nicht herrschen. „Jeder Gegenstand, den ein Mensch haben muss, verkleinert seinen Freiheitsspielraum. Je weniger wir uns von unserem Konsumzwang lösen können, desto enger und kleiner ist die Welt. Wer täglich ein warmes Bad und frische Wäsche braucht, kann nicht in Bambushütten oder Zelten leben ...", beschreibt Wolfgang Schmidbauer, wie aus dem Wenig das Mehr erwächst. Die Aufgabe, einen finanziellen Engpass zu meistern, gelingt leichter, wenn man schon früh verhindert, dass Geld und Konsum eine allzu große Rolle im Familienleben spielen. Es geht darum, eine Wahl zu haben. Es geht um die Erfahrung des Genießens ohne äußere Reize, um innere Kraft und Unabhängigkeit. Die Entscheidung darüber, welchen Stellenwert Eltern dem Konsum im Familienleben einräumen möchten, kann durchaus verschieden ausfallen – aber sie ist mindestens so wertvoll wie ein kleines Steak.

Literatur

Braun, Andrea: Weniger ... ist oft mehr. Wie wir mit kindlichem Konsum umgehen und Suchtgefahren vorbeugen können, Kösel Verlag 1998

Estess, Patricia u. Barocas, Irving: Weil Geld nicht auf den Bäumen wächst. Ein Ratgeber für Eltern. Campus Verlag 1996

von Friesen, Astrid: Geld spielt keine Rolle. Erziehung im Konsumrausch, Rowohlt Verlag 1991

von Friesen, Astrid: Liebe spielt eine Rolle, Rowohlt 1995

Fromm, Erich: Vom Haben zum Sein, Weinheim 1989

Egmont Ehapa Verlag: Kids Verbraucher Analyse 2000. Der Codeplan. Stuttgart 2000

Götze, Elisabeth: Kindermarketing: Markenkenntnisse und Markenpräferenzen 3–5-jähriger Kinder in ausgewählten Ländern, Wirtschaftsuniversität Wien, Diss. Juni 2001

Haubl, Rolf: Geld, Geschlecht und Konsum. Zur Psychopathologie ökonomischen Alltagshandelns, Gießen 1998

Hans-Olaf Henkel im Interview: Der Tagesspiegel v. 26.11.2000

Axel Herr im Interview: Der Tagesspiegel v. 4.12.2000

Markus Holzmann im Interview: Absatzwirtschaft 3/2001

de Jong, Theresia Maria u. Köster, Michaela: Ist mein Kind denn zu verwöhnt?, Stuttgart 2000

Kirchler, Erich u.a. (Hrsg.): Liebe, Geld und Alltag. Entscheidungen in engen Beziehungen, Göttingen 2000

Konsument Kind. Kaufentscheidungen von Eltern und Kindern, Axel Springer Verlag 1994

Lange, Elmar u. Muck, Frank: Werkstatt Konsumpädagogik, Sozialwissenschaftliche Grundlagen und pädagogische Skizzen, Hamm 1997

McNeal, James: Kids as customers: a Handbook of marketing to children, New York 1992

Ressel, Hildegard: Was Kinder wirklich brauchen, München 2000

Rosendorfer, Tatajana: Kinder und Geld. Gelderziehung in der Familie, Campus Verlag 2000

Schmidbauer, Wolfgang: Weniger ist manchmal mehr, Reinbek 1992

Schmidbauer, Wolfgang: Jetzt haben, später zahlen, Reinbek 1995

Tügel, Hanne: Kult ums Kind. Großwerden in der Kaufrauschglitzercybergesellschaft, Beck 1996

Wunsch, Albert: Die Verwöhnungsfalle. Für eine Erziehung zu mehr Eigenverantwortlichkeit, Kösel Verlag 2000

Zöllner, Ulrike: Die armen Kinder der Reichen. Was macht der Wohlstand aus unseren Kindern?, Kreuz Verlag 1997